ÉTUDES

D'ADMINISTRATION.

IMPRIMERIE CENTRALE DE NAPOLÉON CHAIX ET C°, RUE BERGÈRE, 20.

ÉTUDES D'ADMINISTRTAION

DE LA
DIVISION ADMINISTRATIVE
DE LA FRANCE
ET DE LA CENTRALISATION

Par M. JULES CHEVILLARD

ANCIEN PRÉFET.

TOME SECOND.

PARIS

DURAND, LIBRAIRE – ÉDITEUR

7, RUE DES GRÈS.

1862

DEUXIÈME PARTIE.

DE LA

DIVISION ADMINISTRATIVE

ACTUELLE.

LIVRE DEUXIÈME.

LA PROVINCE.

CHAPITRE PREMIER.

Considérations générales.

1

Quel titre ai-je donné à ce livre? quel nom ai-je prononcé? quels souvenirs ai-je évoqués? La province! Beaucoup de personnes pensent que la division provinciale n'est plus dans les mœurs politiques et civiles de la France, qu'elle est morte, et morte pour ne plus renaître : qu'elles prennent la peine de lire ces pages, elles apprendront que la province n'est pas morte, qu'elle vit, qu'elle est restée dans les habitudes administratives de notre pays. Peut-être quelques esprits plus audacieux que les autres iront-ils jusqu'à croire que son rétablissement est nécessaire à la bonne administration de la France!

II

Nous avons assisté à la formation du département; son histoire est celle de la chute de la province.

L'opinion de toute la France, sortie de l'expérience des pays d'états et confirmée par les essais de Louis XVI, réclamait le maintien d'une division territoriale ancienne comme la monarchie et à laquelle se rattachaient toutes nos coutumes. Les cahiers, qui étaient la loi des notables, ne contiennent pas un vœu, pas une pensée hostiles à la province, à son existence, à son esprit; s'ils parlent de la division provinciale, c'est pour entrer dans les vues de la royauté. Cependant l'Assemblée nationale, dans un but politique, mal dissimulé sous un faux prétexte d'unité, poursuivit la destruction d'un ordre de choses auquel le pays était attaché et qu'il ne vit changer qu'avec regret.

A-t-on du moins, par ces changements, modifié
les conditions de l'administration et donné satisfaction aux besoins du peuple? Non, les choses
sont restées ce qu'elles étaient et les exigences
se sont accrues avec les besoins.

III

Dans l'administration de la monarchie française tout était compris entre la commune comme
base et la province comme sommet.

J'ai parlé de la commune : nous avons présidé à
sa naissance, ou plutôt nous l'avons trouvée sur
notre sol dès les premiers temps de notre ère :
quelques familles se groupaient-elles autour de
l'église, la paroisse était née, et la paroisse, c'est
la commune.

Un certain nombre de ces paroisses ou communes, situées dans des conditions territoriales
identiques, isolées des autres par ces barrières,
fleuves ou montagnes, que la nature a élevées
entre les hommes, se sont rapprochées dans
un besoin de conservation sociale, de mutuelle
défense et aussi par ces considérations que, dans
notre langage moderne, nous appellerions économiques; cette réunion de paroisses ou communes
a constitué la province.

L'unité provinciale n'est pas la création d'un système préconçu, elle n'a pas été écrite avant d'être, dans les chartes et dans les lois. Elle est sortie, comme l'unité communale, de la nature des choses. Elle est antérieure aux légistes et à l'histoire. Durant les quatorze siècles de notre monarchie nous ne rencontrons aucun monument qui se rattache à la division de la France en communes et en provinces. Aussi, quand l'historien veut écrire les annales des temps passés, n'entreprend-il pas de dire comment la province a été constituée; il raconte l'histoire d'un état complet et qu'il trouve tout formé, il fait l'histoire de la province. La commune, la province sont donc les deux divisions historiques de la France.

Cette double division du territoire servait de point de départ et d'arrivée à l'administration de la monarchie. Entre la province et la commune se plaçaient des divisions répondant aux besoins administratifs, s'appelant sénéchaussées et vigueries dans le Midi, baillages et prévôtés dans le Nord. A chacune de ces divisions correspondait, comme dans notre système moderne qui n'a fait que suivre les traditions qu il a trouvées, un conseil composé de membres élus, corps municipaux, assemblées de baillage, États provinciaux.

IV

Cette administration a laissé sur le sol de la France de profondes traces de son passage : les monuments qui décorent nos villes et qui, après tant de siècles passés sur eux, semblent encore défier le temps, sont son ouvrage ; elle a creusé des ports, jeté sur les fleuves des ponts que l'art et la science modernes admirent et s'efforcent d'imiter ; elle a amélioré le lit des rivières, desséché des marais, commencé le réseau de ces routes qui ont été les fondements de la fortune de la France. Elle peut revendiquer aussi l'exécution de ce régime de canaux qui, inauguré par Henri IV et Sully, est resté une des gloires du grand roi et du grand ministre.

Dans le Languedoc et la Provence il faut reconnaître que l'administration provinciale du XVIIIe siècle a pris modèle, pour la classification des routes, sur les lois du XIXe. Autrement, il faudrait dire, chose inouïe et qu'on ne saurait admettre, que ce sont nos modernes législateurs qui ont copié les administrations provinciales. Ainsi, dans ces provinces, les routes et chemins étaient divisés en quatre classes, correspondant aux quatre unités administratives.

La province était chargée des routes de première classe;

Les sénéchaussées, des routes de deuxième;

Les vigueries, des chemins de troisième;

Les paroisses ou communes, des chemins de dernier ordre.

Nous retrouvons là, avec tout le système de leur organisation et de leur entretien, nos routes impériales, nos voies de départements, nos chemins de moyenne et de petite vicinalité. Il y a plus, cette règle de solidarité qui formait la base de l'administration dans chaque province, n'est autre que le principe de notre fonds commun.

V

Dans nos anciennes assemblées parlementaires, bien des publicistes ont entrevu la vérité; mais, retenus par les chaînes d'un parti politique, ils n'ont pas osé porter un jugement impartial sur la division départementale, dire ses avantages et ses lacunes, et, en même temps, exprimer leur regret de la chute de l'ancienne division administrative de la France. **M.** Vivien a payé son tribut aux préjugés de son temps et défendu à son tour l'œuvre de l'Assemblée constituante au nom de l'unité française. Mais la vérité, cette vérité qu'il a puisée dans l'étude des sources de l'administration, enveloppe son intelligence et la domine, elle lui arrache ces graves paroles : « La Constituante conçut une grande pensée le jour où elle substitua les départements aux provinces, et elle l'exécuta avec résolution et courage; mais, en cette occasion comme en beaucoup d'autres, les circonstances dominèrent l'Assemblée... Tout en admirant les travaux de l'Assemblée constituante, il est permis de se demander aujourd'hui si elle n'a pas souvent dépassé le but pour mieux l'atteindre. » Après cet aveu, on s'attend à voir arriver la proposition formelle du rétablissement de la province. Triste nécessité des préoccupations politiques! L'honnête publiciste n'ose pas aller si loin, le mot est sous sa plume et il fait effort pour en trouver un autre, il ne conclut pas au rétablissement de la province, mais il demande la réunion de plusieurs départements *groupés d'après la communauté des intérêts, la position géographique et le climat.* De là, c'est-à-dire de cette véritable reconstitution de la province, résulterait, selon lui, « une concentration d'efforts, de capacités, de ressources financières, et, par suite, la création de grands travaux, d'établissements importants, une amélioration féconde du territoire et une force politique sur laquelle s'appuierait le gouvernement dans les temps de repos et l'ordre aux époques de trouble. »

Je n'aurais pas eu la prétention d'exprimer avec autant de force des pensées aussi justes; de grandes vérités ressortent de cette conclusion embarrassée. Désormais il ne reste plus qu'un pas à faire, c'est de rompre en visière à une opinion publique dans l'erreur.

VI

Quelle idée n'est-il pas permis de concevoir d'une division administrative dont chaque fraction a eu ses législateurs, ses lois, ses coutumes, son histoire; y aurait-il ingratitude ou témérité à vouloir greffer notre administration moderne sur ce vieux et noble tronc?

Certains esprits penseront que cette entreprise est au moins téméraire, qu'il y a des choses vieillies auxquelles le génie de l'homme ne peut pas donner une nouvelle jeunesse; qu'importe, je dirai mes doutes et mes espérances : je sais qu'une force, alors irrésistible, a brisé la province et lui a substitué le département; je sais qu'une longue prescription de soixante et dix années a passé sur ces démolitions;.... tout cela ne lasse pas mon courage, une vue approfondie des choses le soutient : l'homme s'est acharné après le passé, en a-t-il effacé le souvenir? Pas plus qu'il n'a

déplacé les chaînes de montagnes, empêché l'eau
de suivre sa pente, modifié les latitudes et changé
l'ordre de la nature, pas plus qu'il n'a fait croître
dans le Nord les plantes du Sud, obtenu au Sud
les produits du Nord et fait vivre au sommet
des montagnes les animaux auxquels la nature a
destiné la plaine. Envisagé d'un point de vue élevé,
il y a dans cet ensemble de choses matérielles un
beau côté moral que les législateurs de tous les
temps n'ont pas vu, que quelques-uns ont entrepris de voiler. C'est un coin de ce voile que je
veux essayer de soulever.

VII

Pour qui a étudié le développement de l'administration française, il est facile de se convaincre
que la forme administrative sous Henri IV et
Louis XIV se prêtait merveilleusement aux améliorations réelles et à la rapide action du gouvernement. Il faudrait, pour démontrer cette vérité,
présenter un tableau complet de l'administration
française depuis son origine, sous saint Louis, jusqu'à nos jours : travail d'un grand labeur et d'un
vif attrait, mais qui dépasserait le cadre de ces
études (1). L'action qui s'est produite dans cette

(1) C'est l'objet d'un livre très-avancé, et qui formera la seconde
partie de cet ouvrage.

longue suite de règnes a été caractérisée avec autant de finesse que de profondeur par M. de Rémusat lorsqu'il a dit que : « En France, sous l'influence des siècles, la monarchie féodale était devenue la monarchie administrative. »

J'ignore quelle place le département occupera dans notre histoire, mais la province fait naître en moi des idées que le département, peut-être à cause de son origine trop récente, ne provoque pas. Quand je considère la province, ma pensée se reporte aussitôt sur la monarchie dont elle fait partie : l'ensemble des provinces me représente les branches diverses s'élançant du tronc vigoureux d'un arbre immense et ayant chacune le développement d'un grand arbre ; les fortes racines de ce vieux tronc se sont emparées de la terre ; fortes en effet, car vainement depuis soixante et dix ans la cognée les frappe, elles ont résisté et portent encore au front orgueilleux de l'arbre une séve qu'elles vont chercher dans l'inépuisable fécondité de nos traditions.

C'est cette séve qu'il faut recueillir et faire servir au développement de notre administration. Est-ce donc une tâche si difficile ? Est-ce donc une œuvre de nature à blesser notre sentiment national ; quelques préjugés peut-être, mais notre raison ?

VIII

Depuis le jour où Mirabeau se consuma en vains efforts pour sauver la division provinciale, et vit, deuil qui dut être immense pour son âme, son opinion étouffée par le vote d'une majorité qui imposait si souvent son joug humiliant à son génie, la question de la division par province n'a pas cessé d'être agitée par les écrivains politiques et de se reproduire dans les discussions de nos assemblées législatives.

Par un juste retour des choses d'ici-bas, les publicistes modernes qui posent cette thèse et la soutiennent, les législateurs qui ont recours à la division provinciale, sont ceux qui se portent plus particulièrement pour les adversaires systématiques des institutions de l'ancienne monarchie et pour les héritiers directs des assemblées qui ont voulu les renverser.

Dix années à peine s'étaient écoulées depuis le jour où la division départementale avait été proclamée, que le législateur de l'an VIII s'adresse à l'ancienne division de la France lorsqu'il entreprend d'assurer le service de la justice; plus tard c'est encore la même division qu'il adopte, soit qu'il s'agisse de l'organisation militaire, soit qu'il s'agisse de l'instruction publique, c'est-à-

dire des services les plus importants d'un grand
empire.

De nos jours on marche dans la même voie : les
besoins, les intérêts, les esprits se tournent-ils du
côté de l'agriculture, le gouvernement, pour favoriser cette tendance heureuse et lui donner
satisfaction, abandonnera la circonscription départementale et créera des divisions régionales. A
l'exception de quelques détails administratifs qui
s'accomplissent au département, la division départementale ne paraît plus s'appliquer qu'aux affaires
de forme : au contraire, toutes les fois qu'il est question d'administration proprement dite, c'est-à-dire
du fond des intérêts sociaux dans l'ordre matériel et dans l'ordre moral, c'est à la division
provinciale, comme à la plus favorable au développement et à la satisfaction de ces intérêts, qu'on
a recours.

Cette observation est trop importante et peut
paraître paradoxale à trop d'esprits pour que nous
ne cherchions pas sa justification dans les lois.

CHAPITRE II.

———

Que la province n'a pas cessé d'exister.

—

Observations générales. — De l'administration de la justice. — De l'instruction publique, de l'organisation militaire, de l'administration des eaux et forêts.

§ 1er.

OBSERVATIONS GÉNÉRALES.

Avant de rechercher ce qui reste de la division provinciale dans le système de l'administration moderne, il est nécessaire de jeter un regard rapide sur le passé et de déterminer l'action de l'administration et l'étendue de ses pouvoirs sous la monarchie.

II

Dès le xvi⁰ siècle la royauté fait arriver son action dans toutes les parties du royaume par des intendants dont les attributions embrassent tous les détails de l'administration. Richelieu généralise l'institution des intendants et brise la répugnance des parlementaires au sujet de ces fonctionnaires qui étaient les agents d'autant plus dévoués de la royauté que, n'appartenant pas comme les gouverneurs aux grandes familles de l'État, ils n'en avaient pas la turbulence dangereuse.

Leurs pouvoirs reçurent une telle extension qu'on les désigna sous le nom d'intendants de justice, police et finances; c'est-à-dire qu'à l'exception de ces grands intérêts qui ont constitué ce qu'on a appelé depuis les affaires étrangères, les intendants intervenaient dans toutes les matières administratives. En effet, toutes ces matières venaient alors se grouper sous cette triple division de justice, police et finances. Ainsi, les intendants connaissaient des affaires du clergé, des universités, de l'imprimerie et de la librairie, des eaux et forêts, des manufactures, des arts et métiers, de la viabilité; de tout ce qui se rattache à l'administration de la guerre, depuis les enrôlements et les munitions de guerre jusqu'au service de la maréchaussée; de toutes les mesures propres à assurer la sécurité publique et le soulagement de la misère; de l'ensemble de l'administration municipale, depuis la nomination des officiers municipaux jusqu'à l'administration des biens des communes; enfin de tout le service des finances. Telle était l'étendue de l'autorité dont les intendants étaient investis.

Cette administration fonctionna jusqu'à Louis XVI : nous savons les modifications que ce monarque voulut y apporter. La révolution l'interrompit dans son entreprise, et il ne resta des efforts qu'il tenta qu'un plan magnifique éprouvé par l'expérience et qui offrait dans une pondération peut-être exagérée l'alliance de l'autorité et de la liberté.

Cependant la révolution, en brisant cette forme administrative, ne put s'affranchir complétement du joug du passé qu'elle répudiait : elle déguisa les emprunts qu'elle lui fit sous des noms nouveaux; mais ce qu'elle oublia ou plutôt le problème qu'elle ne sut pas résoudre, ce fut d'établir cet équilibre nécessaire entre la liberté, qui est le respect de la dignité du peuple, et l'autorité, qui est la garantie de ce respect.

III

Nous avons dit ce qui s'ensuivit; nous avons constaté qu'en dépit de toutes les précautions hostiles et de tous les efforts, le département ne cessa pas de se rapprocher de l'organisation provinciale : pénétrons plus avant et recherchons dans les diverses branches de l'administration actuelle les traces de la province.

§ 2.

DE L'ADMINISTRATION DE LA JUSTICE.

I

A peine l'Assemblée constituante en avait-elle fini avec la province, qu'elle songea à détruire l'organisation judiciaire. Comme corporation, et sous le rapport de la division territoriale, cette administration lui semblait incompatible avec les principes qu'elle s'était donné la mission d'établir. La discussion sur l'organisation du pouvoir judiciaire est ouverte; Thouret, rapporteur de la loi, prend la parole : il développe cette thèse, que la sûreté de la constitution exigeait qu'il ne subsistât plus aucun rejeton vivace du tronc inconstitutionnel qu'elle avait abattu; que l'esprit de corps était l'ennemi le plus dangereux de l'esprit public qui devait naître de la *régénération* qu'ils poursuivaient; qu'il n'y avait pas de corps dont l'esprit et la hardiesse fussent plus à craindre que ces corporations judiciaires, qui ne pardonneraient pas à la nation elle-même de reprendre sur elles l'autorité dont elles avaient joui.... qu'en général l'esprit des grandes corporations judiciaires était un esprit ennemi de la *régénération*. Il citait à l'appui de son opinion des faits qui s'étaient passés à Rouen, à Metz, à Dijon, à Toulouse, à Bordeaux et à Rennes. Il terminait en ces termes : « Concluons qu'il est nécessaire de recomposer constitutionnellement tous nos tribunaux, dont l'état actuel est inconciliable avec l'esprit et les principes de notre constitution régénérée. »

C'était le 24 mars 1790 que ces paroles étaient prononcées : les législateurs allèrent vite en besogne; le 5 mai, ils adoptaient cette disposition, que les juges seraient élus par les justiciables; le 7 du même mois, ils votaient cet autre principe, que le roi ne pourrait point refuser son consentement à l'admission d'un juge choisi par le peuple.

Une grave question se présentait, la question de l'appel. L'Assemblée ne voulait pas retirer aux intérêts privés les deux degrés de juridiction. Comment organisera-t-on les tribunaux d'appel? Il fallait avant tout se garder de créer des tribunaux importants soit par le nombre des juges, soit par leurs lumières; on voulait éviter jusqu'au simulacre, jusqu'au souvenir même des parlements : on s'arrêta à la conception la plus simple peut-être, mais assurément la plus singulière : on décida que les juges de district seraient juges d'appel les uns à l'égard des autres.

Il ne restait plus qu'à désigner les villes qui posséderaient des tribunaux de districts : fidèle à ses précédents, l'Assemblée multiplia le nombre de ces tribunaux afin de les affaiblir par le fractionnement et de rendre impossible entre eux tout esprit de corps. C'est ainsi que la France posséda bientôt près de six cents tribunaux de district. Tout cela devint la loi des 16-24 août 1790, qui prit le nom de *loi sur l'organisation judiciaire.*

II

Les conséquences de cette anarchie ne se firent pas attendre. Dès 1800, une réorganisation sérieuse de la justice était devenue indispensable. Selon quel principe serait-elle faite? L'administration civile venait d'être reconstituée, nous avons vu quel esprit avait présidé à cette œuvre; il était à craindre que le gouvernement nouveau n'adoptât les mêmes bases pour l'organisation de la justice. Il n'en fut rien : la loi du **27** ventôse an VIII, qui est restée un des actes les plus importants du gouvernement consulaire consacra un retour à ce qu'on a longtemps appelé l'ancien régime, c'est-à-dire un retour vers la constitution parlementaire.

L'assemblée constituante, sous prétexte de créer l'unité française, avait imaginé de multiplier les divisions du territoire, de détruire tous les grands corps de l'État; elle avait établi six mille justices de paix, cinq cent quarante tribunaux de districts, enfin, supprimant les parlements, elle avait voulu que chaque tribunal fût juge d'appel de son voisin.

Mais voici venir le Consulat; aussitôt le nombre des justices de paix est réduit de moitié, il ne sera plus désormais que de trois mille à trois mille six cents au plus, les tribunaux de districts sont remplacés par des tribunaux de première instance établis dans chaque arrondissement communal, et le nombre de ces tribunaux retombe au-dessous de quatre cents. Mais la plus grande hardiesse de la nouvelle loi est dans son article **21**, il porte : « qu'il sera établi vingt-neuf tribunaux d'appel (**1**), » c'est-à-dire à peu près un tribunal pour une province ancienne; on va plus loin dans ce rappel des

______

(1) Soit vingt-sept seulement pour le territoire de l'ancienne France.

usages proscrits, on donne un costume aux magistrats; enfin bientôt une dernière loi mettra le sceau à cette nouvelle entreprise, et les tribunaux d'appel prendront le titre de *cours impériales.*

III

Cependant cette réaction contre l'esprit de l'Assemblée constituante ne s'accomplit pas sans lutte : les membres du Tribunat firent entendre des paroles ardentes contre ce qu'on appela alors, avec une grande justesse d'expression, *la restauration des parlements.* Quelques votes protestèrent, mais bientôt ce bruit s'éteignit, et la nouvelle institution qui avait ses racines dans l'institution la plus ancienne d'une antique monarchie fut acceptée par tous; non-seulement elle fut acceptée, mais, chose remarquable, gouvernement et magistrats chacun se précipita à l'envi à la recherche des souvenirs proscrits.

IV

Les villes désignées pour posséder les cours d'appel sont toutes d'anciennes villes parlementaires, ou d'anciennes capitales de province. Les palais qui vont les recevoir sont les anciens palais des parlements. La justice selon le Code civil se rendra dans la grand'chambre où les arrêts se rendaient selon la coutume; on restaure pour les parlements nouveaux les monuments de la renaissance et de l'art gothique ; les nouvelles cours semblent rechercher une sorte d'éclat dans ces richesses architecturales contemporaines de la puissance parlementaire ; et si comme tant de témoignages de respect ne suffisaient pas, les archives de la magistrature impériale vont demander l'hospitalité aux archives de la magistrature de la monarchie.

A ces traditions matérielles que les cours nouvelles sollicitent l'honneur de continuer, viennent se joindre les traditions morales bien autrement puissantes : c'est l'histoire des parlements, c'est la vie des grands parlementaires qui servent de texte à toutes les harangues officielles de la magistrature moderne; on s'efforce de renouer la chaîne des temps, comme si l'on ne devait rencontrer et l'autorité et la véritable grandeur qu'à ce prix.

Pourquoi tant d'efforts, pourquoi tant de zèle dépensé à la poursuite d'une chose qui n'est plus, pourquoi ce culte des souvenirs? Ce n'est pas seulement, comme l'a dit un historien illustre, parce que « les barreaux d'Aix, de Dijon, de Toulouse, de Bordeaux, de Rennes, étaient des foyers de science et de talent qu'il fallait rallumer; » c'est parce que l'esprit provincial vivait toujours, c'est parce que la justice, comme les lettres, les sciences et les arts, a besoin d'un berceau.

§ 3.

DE L'INSTRUCTION PUBLIQUE, DE L'ORGANISATION MILITAIRE, DE L'ADMINISTRATION DES EAUX ET FORÊTS ET DE L'AGRICULTURE.

I

Si nous faisons sur toutes les branches de l'administration le travail que nous venons d'essayer sur l'administration de la justice, nous arriverons invariablement à la même conclusion, à la restauration des habitudes provinciales.

Lorsqu'on entreprit d'organiser l'instruction publique et de remplacer l'antique université française, on adopta la division provinciale, on fonda autant d'académies que de cours d'appel, et de même qu'on avait cherché dans les cours à rallumer le foyer des traditions parlementaires, de même on s'efforça de rattacher l'institution nouvelle aux académies provinciales. La jeune université n'a pas tout créé; lorsqu'elle s'est répandue en France, elle a trouvé au foyer de chaque province des maîtres et des élèves, des sociétés littéraires et scientifiques, une histoire propre, et ces illustrations que de Paris on appelle illustrations locales, mais qui souvent eussent pu briller sur un plus vaste théâtre, et qui dans tous les temps ont préservé le nom de la patrie provinciale de la fosse commune de l'oubli.

Vainement, à une époque très-rapprochée de nous, on a tenté d'appliquer à l'instruction publique la division départementale, et de doter chaque département d'une académie et d'un recteur; une courte épreuve a promptement fait condamner cette nouveauté, on s'est empressé de se rapprocher du cercle de la province. Seulement, par cette loi de réaction qu'on retrouve partout, on a momentanément dépassé le but, et on a diminué le nombre des académies sans rien gagner en économie et en autorité.

II

Si de l'organisation des forces morales du pays nous passons à l'organisation de la force matérielle, nous arriverons au même résultat. L'administration de la guerre occupe une place immense dans l'État; elle doit cette place à la double mission qu'elle remplit. L'armée n'est pas seulement destinée à protéger les frontières de l'empire, mais elle ajoute autant à la grandeur nationale en garantissant cette sécurité intérieure sans laquelle toute prospérité disparaît, que par ses travaux à la guerre. Le bon sens et les lois de l'art militaire ont imposé silence aux antipathies et aux préjugés. Dans cette matière surtout, il fallait moins consulter le caprice des hommes que les nécessités de l'ordre public et de la défense nationale; or, la constitution physique du territoire, la direction des chaînes de montagnes, le cours des fleuves, tout indiquait à l'administration de la guerre l'antique forme provinciale. Aussi cette forme a-t-elle été acceptée, subie peut-être, et le nombre des divisions militaires est presque égal à celui des académies et des cours d'appel.

III

Une des richesses les plus précieuses de la France, puisque les plus grands intérêts publics réclament sa conservation, consiste dans les forêts : cet objet a dans tous les temps appelé la sollicitude du gouvernement. La France a été divisée sous le rapport forestier en circonscriptions désignées sous le nom de conservations forestières. Le nombre de ces conservations, fixé à vingt d'abord, puis porté à quarante par une ordonnance du **17 juillet 1832**, a été ramené à trente-deux par une autre ordonnance du 9 juillet de l'année suivante. Vainement l'esprit de système cherche et s'inquiète, on revient toujours à la division provinciale, à ce chiffre de vingt-cinq à trente qui était à peu près le nombre de nos anciennes provinces.

IV

Parmi les intérêts qui étaient appelés à prendre de nos jours un grand développement, il faut placer au premier rang les intérêts agricoles. Lorsque l'attention des hommes d'État s'étant portée sur ce sujet, on entreprit de donner à l'agriculture l'appui auquel elle avait d'incontestables droits, on reconnut que c'était dans les grands concours agricoles que se trouvait la plus efficace protection qui pût lui être accordée. Le gouvernement s'occupa dès lors de l'organisation de ces concours. Or il ne trouva rien de mieux à faire que de diviser la France en régions, et son territoire fut partagé en douze parties à peu près égales.

En cette matière encore, on ne crut donc pas devoir s'arrêter au département qu'on jugea, et avec raison, trop étroit, et en cherchant une circonscription nouvelle on se rapprocha de la division provinciale, sans toutefois l'adopter entièrement.

Or, je ne crains pas d'être accusé de témérité en affirmant que peu d'années s'écouleront avant que l'expérience ait démontré que la division provinciale est la meilleure. En effet, si le département est trop étroit, la division de la France en douze régions donne à ces régions des limites trop étendues, ce qui est un obstacle à ce que cette institution porte tous les fruits qu'on était en droit d'en attendre.

CHAPITRE III.

Continuation du même sujet.

I

Ainsi, lorsqu'il s'agit de l'organisation judiciaire, de l'instruction publique, de l'administration de la guerre, de nos richesses forestières,
des intérêts agricoles, c'est-à-dire de tous ces
rameaux qui réunis constituent l'administration
de la France, on trouve naturel de placer la Cour
impériale, le recteur de l'académie, le général de
division et l'intendant militaire, le conservateur
des eaux et forêts, etc., dans l'ancienne capitale
de l'ancienne province, là où a été l'intendant de
Louis XIV, cet intendant de justice, police et finances, en qui se personnifiait l'administration de
la monarchie! Pourquoi donc s'arrêterait-on dans
cette voie et persisterait-on à méconnaître le mérite incontestable de la division provinciale, lorsqu'il s'agit de l'administration civile proprement

dite? Ce que vous demandez, dira-t-on, c'est un retour à l'ancien régime? Pourquoi pas, si ce régime est le meilleur. Mais cette objection est sans valeur et tombe devant les considérations qui précèdent. En France l'organisation de l'agriculture, de la guerre, de l'instruction publique, de la justice est postérieure à 1789, dans le langage actuel elle est moderne. Or, que veut-on, sinon généraliser l'application de la loi qui a été faite, et compléter l'œuvre commencée. L'espace à franchir est bien court : le préfet d'aujourd'hui n'est-il pas un intendant amoindri ?

Constatons donc que, peu à peu, on est revenu à l'administration provinciale; les idées de 1789 et de l'an VIII ont glissé sur la même pente, et les anciens principes d'administration ont été ramenés à la surface, non par un esprit systématique de réaction, mais par cette force naturelle des choses que nous retrouvons au fond de tant d'institutions, contre laquelle les idées des hommes se heurtent en vain, et qui finit par triompher de tout, même de nos passions.

II

La France, sous l'ancienne monarchie, comptait trente-deux grands gouvernements.

La France moderne comptera dans sa division

judiciaire vingt-sept grandes cours; pour l'instruction publique, vingt-sept académies; pour l'administration de la guerre, vingt-deux divisions militaires; pour les forêts, trente-deux conservations, et ces divisions administratives ramèneront les mêmes noms historiques : on redira toujours Rennes, Rouen, Bourges, Dijon, c'est-à-dire Bretagne, Normandie, Berri, Bourgogne.

On a pu diviser la France en départements, et désigner dans chaque département une ville destinée à en être le chef-lieu; mais on n'a pas pu donner par décret de l'importance à cette ville. Depuis soixante années que cet ordre de choses existe, il n'y a guère en France de chefs-lieux dignes de ce nom que les anciennes capitales de province, que les vieilles villes parlementaires ; les autres chefs-lieux de département sont, pour la plupart, restés de simples bourgades : n'y cherchez ni un livre, ni un tableau, ni une cathédrale.

Vainement encore a-t-on affecté, dans les noms donnés aux départements qu'on venait de créer, de répudier toutes les désignations qui auraient eu un sens moral, et qui se rattachaient à l'histoire, pour emprunter des noms aux objets matériels, à la configuration du sol, à la latitude sous laquelle le nouveau département était situé, à la chaîne de montagnes qui le traversait, au fleuve qui l'arrosait. On n'est pas arrivé par tant d'habiletés à affaiblir dans la mémoire des hommes le souvenir des choses passées : nous avons les départements du Nord, d'Ille-et-Vilaine, du Finistère, de la Côte-d'Or, mais a-t-on pour cela éteint les noms de Flandre, Bretagne et Bourgogne? Le nom vrai, le nom de la province a survécu à tous les naufrages, il s'est retrouvé debout après toutes les chutes. Ah! c'est que le cœur d'une nation, comme le cœur de l'homme, ne se modifie pas au gré du caprice, c'est que s'il bat dans le présent, il a battu dans le passé, c'est que notre vie d'aujourd'hui tient à une vie antérieure, c'est qu'aucune puissance humaine ne peut enlever une page à la vie d'un peuple non plus qu'à la vie d'un citoyen et lui dire : « Ton histoire ne commencera qu'à tel chapitre! » Le département a son annuaire, la province a ses annales.

III

Aussi, y aurait-il donc tant à faire pour reconstituer la province? « Ce qui ajoutait à la force de la constitution provinciale, » dit un auteur (1), « c'est que la division des provinces était fondée sur la nature et la configuration des

______

(1) M. Laferrière, *Études sur les États provinciaux.*

territoires, et même quelquefois sur la permanence des races qui avaient fait le fond de la population locale. La géographie politique et la géographie physique étaient d'accord dans la création de ces grandes individualités qui s'étaient fixées et immobilisées sur le sol pendant les premiers siècles de la féodalité. » Or, la nature même de ces conditions de la constitution provinciale a garanti sa durée; les frontières des provinces n'ont pas changé, les chaînes de montagnes sont restées debout, les fleuves roulent leurs eaux dans les mêmes lits, la terre, échauffée par le même soleil, porte les mêmes fruits.

IV

Mais ces idées n'appartiennent pas seulement à l'administration et à l'économie politique, elles sont plus particulièrement encore du domaine de l'érudition et de l'histoire. Si j'avais à rechercher les origines de nos provinces, de leurs désignations et de leur situation territoriale, j'aurais à remonter bien au delà des siècles de la féodalité : il me serait facile de les trouver dans la géographie de Grégoire de Tours et de Frédegaire (1); bien antérieurement aux temps mérovingiens, nous les si-

____

(1) Voir les écrits de M. Alfred Jacobs.

gnalerions dans les écrits de César, de Pline, de Ptolémée, de Tacite, de Strabon, enfin nous les verrions se confondre dans les ténèbres, épaisses encore, qui recouvrent les antiquités gauloises.

Un savant qui se proposait de ne faire que de la science a répandu sur ces matières de vives lueurs et a, sans y penser sans doute, payé son tribut et apporté les arguments les plus solides à la reconstitution de la province. Dans un discours prononcé en 1858 à l'ouverture du cours de géographie, à la Faculté des lettres de Paris, M. Chéruel s'exprimait en ces termes :

« La France, qui a vu si souvent se modifier les divisions politiques adoptées par les divers gouvernements, a conservé, au milieu de ces variations fréquentes, les vieilles circonscriptions gauloises du *pays (pagi)*. — Pourquoi cela ? c'est que les dénominations spéciales affectées à certaines contrées ou pays ont leur raison dans la constitution géologique du sol. Le bon sens des paysans a ici devancé la science; il a distingué par un nom particulier chaque étendue offrant le même aspect ou la même culture ; les régions physiques forment un tout réel, que mutilent souvent les circonscriptions administratives. Les différences géologiques ont pour corollaires des changements dans l'aspect du pays, dans sa végétation, dans sa culture, dans la forme même des habitations, dans leur disposition isolée ou

par groupes; c'est à ces différences qu'on a donné
le nom de *régions naturelles* , fondé sur la constitution même du sol; ces divisions en *pays* ont survécu à toutes les crises politiques et persisté jusqu'à nos jours. »

V

Concluons de tout ceci que le nivellement administratif n'a rien pu contre les traditions, que
les intérêts révolutionnaires ont disparu, que le
souvenir de la province est demeuré; il est demeuré malgré ce jugement de l'auteur de la
constitution de l'an VIII : « C'est à Sieyès que
l'on doit la division de la France en départements,
qui a détruit l'esprit de province. »

Cette parole de Napoléon Ier nous remet en mémoire une autre parole du mélancolique Ballan-
che déplorant le sort de cette vieille terre de
France « *où les ruines mêmes ont péri.* » Le philosophe et le conquérant se trompaient, le département n'a pas détruit l'esprit de province et les
ruines n'ont pas péri; on les exhume tous les
jours, et bientôt, dans notre impuissance à reconstruire, il ne restera debout que ces ruines!

Plus je suis descendu dans les profondeurs
de l'administration française, plus j'ai étudié le
passé, et plus j'ai senti se développer et se forti-

lier en moi cette conviction que le progrès vers le mieux se trouverait dans un retour vers beaucoup de choses anciennes. Ce mot de Bacon sera éternellement vrai : « Un peu de philosophie éloigne de la religion, beaucoup de philosophie y ramène. » Disons à notre tour : des études historiques superficielles éloignent du passé, des études historiques sérieuses y ramènent.

Dans une page éloquente jetée en note à la fin d'un volume, un historien trace le tableau des impressions qu'il éprouva lorsque, pour la première fois, il entra dans ce triple hôtel de Clisson, Guise et Soubise qui est devenu l'hôtel des archives de France. « Je ne tardai pas à m'apercevoir, dit-il, dans le silence apparent de ces galeries qu'il y avait un mouvement, un murmure qui n'était pas de la mort. Ces papiers, ces parchemins laissés là depuis longtemps ne demandaient pas mieux que de revenir au jour... *Les provinces se soulevaient, alléguant qu'à tort la centralisation avait cru les anéantir.* » M. Michelet eût pu ajouter que ces voix étaient celles de la société française qui, dans son éternelle jeunesse, réclamait ses droits du haut de l'histoire.

CHAPITRE IV.

De la circonscription de la province et de sa constitution.

I

L'esprit provincial a survécu, il a été adopté par l'esprit moderne qui, en cherchant, n'a rien trouvé de mieux que de se jeter de lui-même dans ce moule ancien. Il me reste à démontrer combien la division provinciale est plus favorable à l'administration que la division départementale au double point de vue des intérêts matériels et des intérêts moraux et politiques du pays.

II

Mais il faut avant tout expliquer ce qu'on doit entendre par province, et déterminer les bases sur lesquelles elle devrait être constituée.

Il ne saurait y avoir de doute sur le sens que je donne au mot province, il est fixé par tout ce qui précède : la province c'est la division du territoire français sous l'ancienne monarchie, c'est cette division fondée sur la nature et la configuration du territoire, et réunissant dans un accord parfait la géographie physique et la géographie politique du royaume.

Je n'ai pas besoin d'ajouter pour le lecteur de bonne foi que, tout en adoptant cette base, je reconnais que, dans quelques cas particuliers, elle sera susceptible d'être modifiée : ainsi, de même que la loi autorise les réunions et les disjonctions de communes, de même qu'elle a prévu le cas où des changements devraient être apportés à la limite du canton ou du département, de même l'ancienne division du territoire par province pourrait subir les modifications de détails jugées nécessaires.

III

Les limites de la province reconnues, il reste à déterminer les conditions de son administration.

Ces conditions seront celles qui existent déjà pour la commune et le département et que j'ai proposées pour le canton. La province aura à sa tête un agent de l'autorité, intendant ou gouverneur, le nom importe peu ; à côté de cet agent sera le conseil élu de la province. Comme la com-

mune, le canton et le département, la province
devra être personne morale, avoir ses propriétés,
son budget, avoir la faculté de voter des impositions provinciales dans les cas prévus et dans les
limites déterminées par les lois de finances. Son
existence, en un mot, sera celle des autres divisions administratives du pays; les attributions et
les droits de son administration seront les droits
et les attributions de leur administration; elle ne
devra sa plus grande importance qu'à son étendue; ses rapports avec le département seront mo-
delés sur les rapports du département avec le
canton, du canton avec la commune; elle prendra
sa place dans la hiérarchie actuelle et rien de
plus.

Ceci bien déterminé, revenons aux avantages
de la division provinciale.

IV

Le développement que l'on a donné aux considérations qui précèdent dispensera d'entrer dans
de longs détails pour démontrer les avantages de
la division provinciale sous le rapport des intérêts matériels. Cependant je serai obligé de ramener l'attention du lecteur sur des sujets déjà
traités à propos de la division cantonale. En administration les intérêts ne changent pas avec le

fractionnement du territoire; ils grandissent en importance en même temps que le cercle du théâtre sur lequel ils sont placés va s'élargissant, mais leur nature reste ce qu'elle était. Ce que nous avons trouvé à la commune, au canton et au département, nous le retrouverons donc à la province, avec cette différence que ce qui ne formait qu'un intérêt particulier dans les fractions moins importantes du territoire, constituera dans la province ce qu'on pourrait appeler l'intérêt général de l'État.

Les intérêts réunis à la province comme ceux réunis à .la commune, au canton et au département sont de deux sortes, les uns matériels, les autres moraux. Parmi ces derniers considérés dans la province, viennent se ranger les intérêts politiques; effacés au canton et à la commune où ils n'avaient qu'un caractère municipal, les intérêts politiques occuperont dans la province un rang important.

CHAPITRE V.

---

*Des intérêts agricoles. — Défrichement, reboisement, dessé-
chement des marais. — Viabilité. — Chemins de fer provinciaux. — Du corps des ponts et chaussées.*

§ 1er.

INTÉRÊTS AGRICOLES.

I

Depuis Henri IV l'agriculture française a fait
de grands progrès, cependant on ne doit pas se
dissimuler qu'elle a souvent été laissée en oubli.
Les longues années de paix dont notre pays a
joui, depuis 1815 jusqu'à ces derniers temps, ont
ramené les esprits vers les intérêts agricoles; on

a songé sérieusement à demander à cette branche vraiment nationale de notre industrie tout ce qu'elle peut donner au peuple en prospérité matérielle et en grandeur morale. Tous nos gouvernements ont poursuivi le même but avec des fortunes diverses.

II

Depuis quelques années on a ouvert à l'émulation des cultivateurs de vastes concours : à cet effet la France a été divisée en douze régions, dix de ces régions comprenant chacune sept départements, deux en comprenant huit. Cette organisation régionale est la constatation officielle de la nécessité d'une nouvelle division du territoire au point de vue des intérêts agricoles. Aux premiers grands efforts tentés en faveur de l'agriculture, les limites des départements se sont trouvées trop étroites pour une institution sérieuse, l'administration a été obligée de les franchir, elle a imaginé la division régionale.

J'ai suivi avec autant d'attention que d'intérêt cette expérience ; les résultats obtenus jusqu'à ce jour m'ont laissé cette conviction que, si le département était trop étroit pour les concours agricoles, la division régionale adoptée est trop étendue.

Le premier vice de cette division est d'être nouvelle, de n'avoir pas ses racines dans le passé ; le second est d'être arbitraire , de ne reposer ni sur la géographie physique, ni sur les coutumes, ni sur les intérêts.

Qu'est-il résulté de là ? C'est que le concours régional n'a servi qu'au département désigné comme centre de la région et théâtre du concours, et à peine à quelques parties des départements les plus voisins, reliés entre eux par des chemins de fer ou par d'anciennes relations provinciales. Quant aux autres départements composant la région , c'est-à-dire à quatre départements au moins sur sept, ils n'ont pas pu profiter de l'institution nouvelle ; des obstacles matériels tels que le défaut de routes, des obstacles moraux nés des mœurs des habitants , des obstacles plus insurmontables résultant des cultures, différentes comme les sols qui les portent, se sont opposés à ce que l'institution des concours régionaux , bonne en principe , donnât ces résultats grands, féconds, décisifs, que les bons esprits qui les ont conçus en attendaient.

III

Au lieu de cette division régionale arbitraire , acceptez la division par province, et aussitôt tout

changera de face; au lieu de douze régions, vous
en aurez de vingt-cinq à trente, au lieu de ces
groupes énormes de sept à huit départements,
vous aurez les réunions faciles de trois ou quatre
départements au plus. La province, moins étendue, permettra à l'agriculteur d'arriver, de tous
les points de sa circonscription, au concours qui
sera un droit pour tous, au lieu d'être un privilége pour quelques-uns. Un réseau de routes spéciales, dont le principe même est antérieur à 1789,
rendra les communications faciles ; le point de
réunion sera au centre, au lieu d'être comme
aujourd'hui placé souvent à une extrémité de la
région. Enfin, dans la province, le principe de
l'égalité entre les concurrents sera respecté. En
effet, la division provinciale n'a rien eu d'arbitraire ; elle est sortie du territoire, du climat,
des mœurs des habitants. Le sol de la province
est homogène, toutes ses parties jouissent du
même soleil, ses produits sont identiques ; les
aptitudes des hommes y sont les mêmes, comme
les instruments aratoires et les pratiques agricoles : dans ces conditions, la même somme de
résultats pouvant être obtenue par la même
somme d'efforts, les chances seront égales pour
tous. Ajoutez à cela d'anciennes mœurs, des relations établies, la connaissance des lieux et des
hommes, l'autorité acceptée des anciennes familles
et vous reconnaîtrez les avantages de la province.

Allons plus loin encore , descendons dans le détail du sujet qui nous occupe , et nous retrouverons jusque dans le langage de nos agriculteurs d'aujourd'hui la raison d'être de la division provinciale. Dit-on les moutons de Bourges , les bœufs de Caen et les chevaux de Limoges ? Non, mais les moutons du Berri , les bœufs de Normandie et les chevaux du Limousin ou du Perche. Pourquoi cela ? Est-ce par le fait d'une habitude mauvaise, et que l'Assemblée nationale, en créant le département, n'a pas songé à déraciner ? En aucune façon ; c'est tout simplement par une loi de la nature, c'est parce que telle race d'animaux s'est formée sur cette partie du territoire, qui s'appelait Berri ou Normandie , et qui offrait à son existence et à son développement l'air, l'espace, les pâturages, toutes les conditions convenables. Acceptons le joug de cette force des choses, c'est le joug de la nature, c'est celui de la raison.

IV

Il est encore un autre sentiment que celui de la nécessité et de la logique , qui devrait nous faire choisir, au point de vue des intérêts agricoles, la division provinciale : c'est celui du respect des traditions.

Il ne faut pas croire que les congrès d'agri-

culture, les comices agricoles, toutes les sociétés
consacrées à l'étude de ces matières', soient des
créations si modernes? Il en est de ces institutions
comme de tant d'autres ; et si nous fouillons les
archives de nos anciennes provinces, nous trouverons dès le XVIe siècle les traces « de chambres rurales, agraires et arpentaires créées pour
gouverner et régenter la culture et fécondité
des terres, composées les deux tiers de mar-
chands et riches laboureurs, et l'autre tiers de
gens de lettres ayant pratiqué en cour souveraine.... » Nous ne proposons donc ici que le
rétablissement d'une institution provinciale.

Que penseront nos modernes organisateurs de
la composition de ces chambres rurales et des
aptitudes spéciales exigées des hommes qui doivent en faire partie? Le laboureur c'est le producteur, le marchand c'est l'intermédiaire entre
le producteur et le consommateur, le premier
représente l'industrie, le second représente le
commerce ; puis vient l'homme de lettres, la
dénomination, paraît-il, n'est pas moderne,
éprouvé par la pratique en cours souveraines,
qui apporte à l'association le tribut de ses connaissances juridiques et son talent dans l'art
d'écrire. L'expérience qui se fait de nos jours
prouve peut-être que ces conditions d'admission
étaient sages; par là, on évitait l'acclimatation
dans ces sociétés de bien des plantes parasites

qui sont à la théorie agricole ce que l'ivraie est dans la pratique ; ivraie non moins dangereuse, et non moins difficile à extirper. Il y a des traditions bonnes à suivre, et sur plus d'un point le xvi⁰ siècle pourrait être imité par le xix⁰.

La même loi qui donnerait au concours agricole la province pour circonscription, désignerait la ville chef-lieu de la province pour le siége du grand comice agricole. Ce comice, composé de membres appartenant aux diverses parties de la province, offrirait une grande unité de vues, et cependant aussi cette diversité dans les études théoriques et dans la pratique, qui par la comparaison sollicite et obtient les résultats.

V

A côté du comice agricole se placerait l'école d'agriculture : cette institution si utile est encore dans son enfance. Il y a en France cinquante-deux fermes-écoles réparties entre cinquante départements : fonder aujourd'hui une école par département, c'est trop, c'est peut-être précipiter la chute d'une institution qui renferme les germes les plus féconds : l'expérience semble indiquer qu'une école par province suffirait pour longtemps encore à tous les besoins ; en en limitant le

4

nombre, on assurerait leur succès et on leur ferait porter des fruits heureux.

VI

Bien des questions seraient à étudier dans cet ordre d'idées ; je me bornerai à ramener la pensée, à raison de sa gravité exceptionnelle, sur celle du dépeuplement des campagnes par suite de l'émigration des populations rurales vers les villes.

Le problème ne se résoudra ni par les livres, ni par l'emploi des machines : les livres resteront sur les tablettes des bibliothèques, et leur influence ne dépassera pas le seuil du cabinet du philosophe ou du publiciste ; les machines pourront rendre aux campagnes ce qu'elles perdent en forces, elles ne rendront pas à la société ce qu'elle perd en habitudes honnêtes et en moralité. Dans les campagnes, un homme, si déshérité qu'il soit, laisse toujours en mourant un linceul et la valeur de sa bière. Or je lisais hier dans un document statistique que l'immense majorité de la population de Paris ne laisse pas de quoi se faire enterrer.

J'ai pensé que l'organisation cantonale pourrait arrêter les progrès du mal. Ne serait-il pas permis d'espérer que l'influence de la vie provinciale aiderait efficacement le travail de l'agent placé au chef-lieu de canton? Si je tourne mon espoir de ce côté, c'est que jusqu'ici cette plaie sociale du dépeuplement des campagnes a défié la science et trouvé tous les remèdes infidèles; il faut donc, en désespoir de cause, avoir recours à cette force morale qui naît de l'exemple qu'une vie forte et réglée, austère et douce peut offrir. Or cet exemple ne peut sortir que de l'existence provinciale; le département n'a pas assez de forces propres pour le donner.

Quand l'esprit, fatigué du présent et de ses défaillances, préoccupé de l'avenir et de ses périls, reste courbé sur ces graves questions, c'est avec quelque soulagement qu'il se relève s'il entrevoit une lueur soudaine, si un espoir, si fugitif et si lointain qu'il soit, vient lui sourire; nous avons besoin de croire que la reconstitution de nos anciennes provinces apporterait un remède à ce mal autrefois inconnu d'elles, et sorti, comme tant d'autres maux, d'une civilisation vieillie et des lois modernes.

§ 2.

DÉFRICHEMENT, REBOISEMENT, DESSÉCHEMENT DES MARAIS.

I

A ces questions qui se rattachent directement à l'agriculture viennent s'en joindre d'autres qui lui sont unies par les liens d'une étroite solidarité, telles sont celles du défrichement des terres incultes, du reboisement des montagnes, du desséchement des marais, etc.

J'ai déjà eu à m'occuper de ces matières à propos de la commune et de l'organisation cantonale; j'ai dû m'expliquer alors sur ce qu'on devait attendre des mesures législatives récemment adoptées et de l'action de l'administrateur cantonal. Ainsi que je le laissais entrevoir, si ces questions peuvent être élaborées utilement au canton, elles ne peuvent pas toujours y recevoir une solution satisfaisante. Elles ont besoin d'un centre plus vaste pour les contenir : pour qui les a étudiées, il est un point en dehors de toute discussion, c'est que, dans la plupart des cas, les limites du département sont trop étroites, c'est que ses frontières, arbitrairement élevées entre des besoins et des intérêts identiques, ne permettent pas de donner à toutes ces questions les solutions qu'elles réclament.

C'est surtout en matière de desséchement des marais, de rectification du lit des cours d'eau et d'assainissement, que ces inconvénients se font plus vivement sentir; cela se conçoit d'autant mieux qu'un département ne forme pas à lui seul une contrée entière, qu'il n'en est souvent qu'une fraction bien arbitrairement déterminée. La plupart des provinces, au contraire, formaient un ensemble complet, un bassin où tout se trouve en équilibre, ayant ses rampes et ses pentes naturelles, où l'homme a peu d'efforts à faire, je ne dirai pas pour perfectionner, ce serait une impiété, mais pour rectifier la nature. Eh bien, ce sont ces ensembles qu'il s'agit de reconstituer, afin de demander à chacun ce que leurs fractions ne peuvent offrir, c'est-à-dire ces facilités d'améliorations que notre époque réclame et qu'elle est en droit d'obtenir.

II

Ce qu'on vient de dire du desséchement des marais, de la rectification du lit des cours d'eau, s'applique également aux questions de défrichement et surtout de reboisement des montagnes. Si l'on veut exercer par le reboisement une action réelle sur le régime des eaux, il est évident qu'il faut procéder avec ensemble et par masses énormes. Or l'État, nous l'avons démontré, ne peut ni ne doit accepter le fardeau et la responsabilité d'une pareille œuvre, qui exige ces soins que l'intérêt local seul sait prodiguer à ses entreprises; d'un autre côté, nous avons constaté l'impuissance, dans ces grands travaux, des autres divisions du territoire livrées à elles-mêmes; la province, au contraire, réunira les mérites et les ressources nécessaires; elle aura la force que donne une vaste association et la sollicitude qu'on puise dans un intérêt privé.

§ 3.

VIABILITÉ. — CHEMINS DE FER PROVINCIAUX.

I

Les questions qu'on vient d'indiquer ne sont pas modernes; elles ont dans tous les temps préoccupé tous les gouvernements; mais il est une question récemment posée, qui se rattache à la partie la plus importante de l'administration, et qu'il n'est pas permis de passer sous silence : il s'agit du système des voies de fer et de la vapeur appliquée à la viabilité.

Le gouvernement travaille sans relâche à transformer ses grandes routes : il substitue chaque jour le système des voies de fer aux anciennes routes impériales. Cette œuvre n'est pas, à beaucoup près, sur le point d'être achevée, et la France est loin de posséder aujourd'hui en voies ferrées l'étendue de routes de première classe que nous avions seulement en 1800. Les chiffres renferment parfois d'effrayantes révélations; combien y a-t-il de personnes en France sachant que l'étendue des routes impériales ordinaires était au commencement du siècle de **31,814** kilomètres, qu'il est aujourd'hui (1859) de **36,150** kilomètres, tandis que l'étendue des chemins de fer ouverts à la circulation dans la même année ne s'élève pas à plus de **9,066** kilomètres, c'est-à-dire qu'elle atteint à peine le quart de l'étendue de nos anciennes routes? Ce travail se poursuit avec activité et persévérance et il s'achèvera : mais dans quelle mesure se complètera-t-il, et doit-il comprendre comme nos anciennes routes impériales une étendue de **36,000** kilomètres? Il est permis d'en douter. Tout porte à croire qu'une combinaison nouvelle, sage et intelligente sera nécessaire pour rendre possible dans un délai qu'on peut entrevoir l'exécution d'un réseau qui autrement exigerait la durée et les forces d'une monarchie.

Quel est l'esprit qui oserait assigner une limite

au développement des chemins de fer? Au commencement du siècle les routes impériales étaient presque les seules qui existassent dans un état de viabilité convenable. Il a suffi d'une loi pour doter chaque département d'un réseau de routes admirablement conçu et parfaitement exécuté; or, serait-il téméraire de penser qu'aux grandes lignes de fer devront succéder, à la faveur d'une législation spéciale, des lignes d'un ordre très-secondaire et qui seront aux lignes actuelles ce que la viabilité départementale est aux routes impériales?

II

Mais si les départements, avec leur étendue et leurs ressources limitées, ont pu créer des routes ordinaires, en serait-il de même des voies ferrées qui exigent des travaux plus considérables et une plus grande rapidité dans l'exécution? C'est alors évidemment que la division du territoire par province sera appelée à jouer un rôle important : elle se prêtera, à tous les points de vue, à l'exécution des voies nouvelles, et par les facilités qu'elle offrira aux tracés des routes dans un espace homogène et suffisamment vaste, et par l'agglomération des capitaux réunis dans son sein par l'industrie locale, et enfin par le concours que l'importance de ses propres finances lui permettra d'y apporter.

La province peut en ces matières prêter à l'État un puissant appui.

L'État ne peut pas tout faire et surtout ne peut pas tout bien faire. Ce n'est pas être téméraire que d'avancer qu'il fléchirait sous le poids que ferait peser sur lui l'exécution des routes de fer départementales. Le fardeau relativement si léger des routes ordinaires lui a paru si intolérable que sous le premier empire il s'est trouvé dans la nécessité de s'en décharger pour une partie; que serait-ce du fardeau mille fois plus lourd des voies de fer? Du reste, le système d'exécution par la province rentre dans l'esprit de la loi de 1811 : à l'État les principales artères du pays; à la province les voies secondaires. Et cela est sage et rationnel; l'État ne saurait pas plus prendre à sa charge l'exécution des voies provinciales et départementales que l'État et la province ne pourraient prendre à la leur l'exécution de la vicinalité communale. Les richesses d'une province seraient insuffisantes là où la corvée est légère et suffit facilement à l'œuvre.

III

Il ne faut pas rêver de substituer partout les voies ferrées à nos routes anciennes; cependant, afin d'avoir une idée exacte des travaux à exécuter en matière de vicinalité, il est nécessaire de traduire sa pensée par des chiffres.

Je ne parlerai que des routes départementales et des chemins vicinaux de grandes communications : ces derniers, régis par la loi du 21 mai 1836, sont, à tous égards, tracé, longueur, construction et solidité, de véritables routes départementales. Or, la longueur totale des premières, c'est-à-dire des routes départementales, s'élevait, en 1856, à 45,627 kilomètres, et la longueur totale des seconds s'élevait, dans la même année, à 74,510 kilomètres, soit, pour l'ensemble de ces voies, à 120,137 kilomètres. Je passe sous silence deux autres classes de voies de communication, les chemins d'intérêt commun et les chemins vicinaux ordinaires dont l'étendue totale pour les deux classes s'élève à près de un demi-million de kilomètres.

En présence de nos 9,000 kilomètres de chemins de fer, fruits de concessions si longues, de tant d'années et de tant d'efforts, et dont l'exécution à certaines heures a mis le pays dans un état presque dangereux d'épuisement, est-il possible de s'arrêter à cette idée que les routes secondaires, celles qui pourraient être appelées à remplacer dans une certaine mesure les voies désignées aujourd'hui sous les noms de routes départementales et de chemins de grande communication, puissent être exécutées par des moyens analogues et avec les mêmes ressources?

L'État, pour l'exécution des grandes lignes de fer qui représentent et remplacent les anciennes grandes routes de l'empire, a fait appel à l'industrie privée et à ces capitaux qui ne vont que là où ils trouvent un gros intérêt et les chances de la spéculation. Ici les choses ne pourront plus se passer de la sorte; bien des voies départementales ordinaires ne rapporteraient pas aujourd'hui l'intérêt de l'argent qu'elles ont coûté; je n'en veux pour preuve que les faits qui se rattachent déjà à certains chemins de fer qualifiés de secondaires, et dont on est obligé d'imposer l'exécution aux compagnies : les chemins de fer destinés à remplacer les routes départementales seront encore dans des conditions moins favorisées; de là la nécessité de créer, pour arriver à leur exécution, des ressources spéciales.

Ces ressources devront être locales comme le caractère des routes auxquelles elles seront appliquées. Or, si pour ces travaux importants, le département, trop étroit, offre des difficultés

insurmontables aux études d'un tracé convenable, ses ressources financières trop faibles n'of-
friront pas un obstacle moins réel à l'exécution.
La province seule, par sa fortune comme par l'é-
tendue de son territoire, peut se prêter avec
avantage à l'exécution de ces travaux que l'opinion publique et des besoins trop positifs récla-
meront bientôt avec un accent impérieux.

IV

Mais pourquoi, dira-t-on, ce luxe de voies de
fer? Pourquoi ne pas s'en tenir au réseau des
routes impériales? Pourquoi? par la raison qui a
arraché à l'Empire ses décrets sur les routes départementales, à la Restauration la loi de 1824, au
gouvernement qui lui a succédé la loi du 21 mai.
1836, c'est-à-dire par cette irrésistible force des
choses qui se dresse à chaque heure devant l'administrateur, qui le courbe sous son inflexible
joug et lui impose ses résolutions.

Et, du reste, quel esprit sérieux n'est pas
frappé par les raisons qui commandent ces entreprises? La France, c'est peut-être un des mauvais
côtés de sa nature, est dominée par la passion de
l'égalité; si elle réclame cette égalité dans les
lois civiles, si elle entend qu'elle règle l'état des
citoyens, pense-t-on qu'elle souffrira longtemps

qu'elle ne règle pas leur fortune? On réclamera
l'exécution des chemins de fer provinciaux au
nom de l'égalité, parce que chaque contrée vou-
dra posséder les mêmes avantages; parce que
chacun supportant une part égale dans le poids
des charges publiques, exigera une répartition
égale de la richesse publique; parce que la prospérité de la contrée traversée par le chemin de
fer excitera la jalousie et la convoitise de sa
voisine qui sera maintenue dans un état station-
naire et bientôt rétrograde par la privation des
mêmes voies de communication; parce que, enfin,
bien des contrées peu riches voudront conjurer
la décadence qui les menace. Prenez tel canal,
suivez ses bords: richesses ici, landes au delà; l'effet produit par les chemins de fer est plus grand
et plus rapide, la comparaison sera plus pénible. Le gouvernement lui-même comprendra
qu'il est de son intérêt et de son devoir d'élever
également sur toute la surface de l'empire le niveau de la valeur de la propriété foncière, et de
prévenir une perturbation qui se fait déjà douloureusement sentir.

La province seule permettra de résoudre ces
graves et urgents problèmes.

L'esprit n'est pas entraîné ici par une illusion
décevante; l'expérience du passé lui ouvre toutes
ces perspectives; le souvenir des grands travaux de
canalisation entrepris et exécutés avant 1789 par

les provinces nous a conduits à parler des chemins de fer. Qui ignore que le canal du Centre, destiné à relier les deux mers, est l'œuvre des élus de Bourgogne? Quel département moderne ferait aujourd'hui les frais d'étude et de construction d'un canal? La province a pu exécuter des canaux, elle pourrait exécuter des voies de fer.

V

Mais combien d'autres intérêts viennent se grouper autour de la province et ne peuvent recevoir satisfaction que par elle.

Que peut un département, dans sa constitution actuelle, à l'égard des richesses minérales dont la nature l'a doté, à l'égard des grandes usines qui font sa fortune et son orgueil, et qui ne demandent d'autre encouragement que celui d'une viabilité intelligente et facile? Il ne peut rien ; la province au contraire pourrait beaucoup, et la richesse générale de l'empire serait accrue par ces efforts individuels.

L'État, entraîné par les lois d'un système qui appelle tout à lui, fait d'immenses et louables efforts pour donner satisfaction à tous les intérêts ; mais l'État, on ne peut pas trop le redire, ne sait pas tout et ne peut pas tout ; et lorsqu'il se montre légitimement fier d'augmenter chaque année notre

réseau de voies ferrées de quelques centaines de
kilomètres, pense-t-il à mettre en regard de ses
9,000 kilomètres à l'état d'exploitation le nombre
de ceux qu'il faudrait exécuter pour replacer le
pays sous le régime d'égalité qu'il possédait avant
l'exécution des chemins de fer?

VI

Je crois avoir démontré qu'en matière de voies
ferrées, la division provinciale est la seule
bonne; mais ici, comme à propos de l'organisation judiciaire, de l'instruction publique, de
l'administration de la guerre ou de nos forêts, le
fait a donné raison à ma théorie; je ne demande
rien de bien nouveau. Le gouvernement semble,
sous un point de vue, avoir reconnu la justesse
de l'ensemble des idées qu'on vient de développer; car, par une mesure contemporaine de
l'exécution des premiers tronçons de chemins
de fer, il a centralisé, sur le parcours des
lignes, les affaires relatives à ces chemins entre
les mains d'un petit nombre de préfets qui ont
reçu, à cet effet, le titre de préfets centra-
lisateurs : on a compris qu'il était impossible
de disséminer dans toutes les préfectures des
intérêts qui avant tout, exigeaient dans l'action la rapidité et l'unité.

§ 4.

DU CORPS DES PONTS ET CHAUSSÉES.

I

Je viens de signaler dans une rapide esquisse l'importance de la division provinciale en matière de vicinalité de tous les ordres , je l'ai examinée aussi à propos des cours d'eau, du desséchement des marais , des travaux hydrauliques de tous genres ; je n'ai pas encore parlé des agents principaux de ces travaux , je n'ai rien dit du génie savant qui les conçoit, du talent patient et sagace qui les exécute.

L'administration, dans sa confiance en elle-même, a trop laissé à l'écart le corps des ponts et chaussées. Ce corps qui peut tant donner et qui met une si vaste science et un si absolu dévouement au service du moindre désir du plus humble citoyen, est appelé à être dans l'avenir l'appui le plus fort de l'administration civile, et l'agent le plus actif du développement de toutes nos richesses matérielles.

II

De nos jours, l'agriculture ne demande à la terre que ce qu'elle peut lui donner facilement ; désormais c'est à la science à lui ouvrir de nouveaux espaces, à accroître et à enrichir son domaine ; à l'accroître en lui livrant des terrains jusqu'ici occupés par les eaux ou par des plantes qui les consument sans produire ; à l'enrichir en distribuant avec intelligence les richesses naturelles de nos heureuses contrées, les eaux, fléau ou bonheur tour à tour, sources de grandes fortunes ou de ruines irréparables.

Je ne parle pas de ces vastes travaux d'endiguement, objet du noble orgueil de l'ingénieur, qui récompensent par leur grandeur et leur hardiesse le génie qui les a élevés, mais de ces œuvres plus modestes, perdues dans le fond des vallées, dissimulées sous l'herbe des pâturages, qui versent la richesse, la santé et le bonheur à une contrée entière, et qui ne procurent à leur auteur que les jouissances intimes et pures d'un service rendu à l'homme, que le sentiment d'une conscience satisfaite.

III

Pour jouer ce grand rôle il ne faut à l'ingénieur qu'un vaste champ. Vainement possédera-t-il la science et l'expérience qui la féconde, il ne donnera sa mesure que dans la division provinciale : l'esprit peut se mouvoir dans une prison ; mais lorsque de la théorie il est appelé à passer à l'application, il a besoin de liberté et d'espace. Que deviendra-t-il, si à chaque pas il doit d'abord dépenser ses forces pour briser une entrave ? Livrez donc à vos ingénieurs l'indépendance de la province, et reposez-vous sur eux du succès.

CHAPITRE VI.

Continuation du même sujet.

Système pénitentiaire. — Finances.

§ 1er.

SYSTÈME PÉNITENTIAIRE.

I

Dans cette revue rapide parlerai-je de la justice, de l'instruction publique, de l'administration de la guerre et des ressources que ces branches diverses et toutes si importantes de l'administration trouveraient à la province? Mais que me resterait-il à dire, sinon qu'à leur égard, les vrais principes ont reçu quant à la forme leur application , ainsi que je le constatais tout à l'heure, et qu'en ces matières importantes le système provincial a été rétabli dès l'an VIII; il ne resterait donc qu'à les faire participer aux avantages que la province, avec son autorité morale et son riche budget, renfermerait en elle.

II

D'autres sujets emportent ma pensée; je suis obligé de passer sous silence tant de grandes institutions de bienfaisance, qui n'auraient besoin que d'un faible appui pour donner tout ce qu'on est en droit d'attendre d'elles. Je signale seulement ce qui se rattache au système pénitentiaire et aux jeunes libérés. En ces matières, il y a à prendre par la société de grandes mesures de charité et d'amélioration morale.

III

On a beaucoup écrit sur le système pénitentiaire, beaucoup discuté, beaucoup expérimenté; des asiles ouverts aux jeunes détenus ont donné des fruits heureux; mais que de bien reste à faire ! Ne serait-il pas permis d'attendre de la division provinciale des résultats chaque jour plus indispensables? La distribution méthodique et raisonnée des grands travaux de tous genres, soit hydrauliques, tels que desséchement de marais, rectification du lit des rivières, irrigations; soit relatifs à la vicinalité, soit relatifs à l'agriculture, tels que défrichements, reboisements des montagnes, mise en valeur des communaux, fondation de colonies agricoles, distribution méthodique et raisonnée qui ne peut avoir lieu qu'avec la province comme centre, permettrait évidemment de classer dans la société bien des gens qui n'y ont plus de place, et de venir en aide aux plus redoutables misères, en évitant de grever les finances de l'État d'un fardeau intolérable !

Tout cela, évidemment, ne peut être que l'œuvre d'une administration placée dans un horizon bien défini, assez près du mal pour bien voir, mais ni trop haut ni trop bas; d'une administration disposant de ressources puissantes, mais exclusivement consacrées à la gestion des intérêts de localité; d'une administration à la fois active et patiente, ferme et bienveillante, constamment courbée sur sa tâche, et descendant dans les plus humbles détails. Or, cette administration ne peut être qu'une administration provinciale.

Encore une fois, pour toutes ces choses qui réclament des vues d'ensemble, le département est trop étroit et trop près ; pour toutes ces choses qui réclament de la bienveillance et le soin des détails, l'État est trop vaste et trop loin.

§ 2.

FINANCES.

I

Mais c'est surtout en matières de finances que la division provinciale offrira d'incontestables avantages.

J'ai dit plus haut comment j'entendais l'organisation de la province ; cette organisation ne peut pas être comprise en dehors des conditions reconnues indispensables pour la commune, le canton et le département. Mais si les droits de la province sont identiques à ceux des autres divisions du territoire, si son budget s'alimente aux mêmes sources, qui n'a mesuré cependant au premier abord la différence qui existe dans la grandeur de ces droits et dans la puissance de ce budget? Est-il nécessaire de poursuivre cette démonstration, et de chercher des points de comparaison entre le budget d'une commune, trente-sept millième partie de l'État, et le budget d'une province qui en représenterait la trentième partie ?

II

Nous avons vu successivement dans le département, dans le canton, dans la commune, bien des intérêts en souffrance, faute des ressources nécessaires pour les satisfaire; or, ces ressources qui manquent à la commune, au canton, au département, on les trouvera au foyer de la grande famille provinciale.

Qu'on ne dise pas que c'est à l'État à pourvoir à tous ces besoins ; qu'il est de son devoir dè laisser tomber de sa table splendide quelques miettes qui iront s'égarer jusque sur la dernière commune. L'État fait beaucoup, il accorde de larges subventions pour les travaux communaux et pour le soulagement de toutes les infortunes publiques et privées; mais il ne peut pas tout ce qu'il faudrait, et cela par des raisons de natures diverses et toutes aussi légitimes que puissantes. Il ne peut pas tout, parce qu'il ne sait pas tout et ne voit pas tout ; et aussi, faut-il l'avouer, parce que les misères lointaines nous touchent peu; nous en détournons la vue, et notre cœur, qui n'est pas assez douloureusement ému, ne s'ouvre pas pour les secourir. Il ne peut pas tout, parce que, pour que ces plaies fussènt pansées, il faudrait que l'immense budget dont il dispose fût plus immense encore, et de là des accusations injustes, mais toujours dangereuses, s'élevant du sein des multitudes contre le pouvoir.

III

Le gouvernement a voulu détourner le péril en faisant, sur les bordereaux de contributions, le décompte des sommes qui lui sont spécialement affectées pour être consacrées par lui aux services publics et politiques de l'empire, de celles qui sont laissées aux départements et aux communes pour leurs dépenses propres. Explications vaines, expédient inutile : l'attention du contribuable ne s'arrête que sur le total. Son argent a été porté chez le même percepteur, la même caisse l'a reçu, il ne voit qu'une chose, c'est un budget de deux milliards, deux milliards emportés loin de lui; il n'admet pas que quelques centimes lui en seront restitués un jour ; il admet encore moins que ces centimes réunis puissent former des millions et constituer plus du quart de cet immense budget ; et en cela il faut le reconnaître, si sa raison le trahit, son instinct le sert: sa raison le trahit puisqu'elle ne lui permet pas d'approfondir le mécanisme de notre système financier, et de voir les canaux par où une partie des finances du budget s'écoule pour alimenter les ressources des départements et des communes ; mais son instinct le sert en ce sens qu'il est vrai de dire, car cela est dans le cœur humain, que plus un budget est considérable, plus le gouvernement qui le détient est disposé à en appliquer une forte part à des dépenses dont l'inutilité est voilée à ses yeux par des préoccupations nobles sans doute, mais souvent exagérées, préoccupations aujourd'hui d'ordre public, demain de gloire.

IV

Quel remède à ce mal sérieux ne pourrait pas apporter le budget provincial ? Ce budget opérerait la décentralisation au profit de l'ordre public: Les conditions de stabilité et de force du gouvernement augmenteraient en raison inverse des sommes qui seraient versées dans ses coffres : une opinion vulgaire et fausse, mais passionnée, ne le rendrait plus responsable des trésors qu'il ne possède un jour que pour les répandre sur ceux qui l'accusent de les dissiper.

Si le contribuable ne s'est jamais plaint des centimes additionnels qu'il verse, par extraordinaire, pour la réparation de la digue qui doit préserver son champ, pour la construction du pont qui lui permettra de porter ses denrées sur

le marché voisin, pour l'édification de la maison
commune, pour la restauration de son église,
c'est parce que ces centimes restent à sa portée,
qu'il les suit du regard et qu'il en surveille l'emploi.

Il en serait de même des finances de la grande
famille provinciale : le contribuable sachant que
tout ce qui serait versé dans la caisse de la province serait dépensé pour lui et par lui, paierait
avec empressement, et verrait grossir avec confiance le trésor dont il aurait la certitude d'avoir
sa part. Le paysan se rend sans murmurer à la
corvée, parce qu'il sait qu'il y dépense son temps
et ses forces dans son intérêt ; qu'il vienne à
croire que sa sueur coule pour un autre, aucune
loi n'arrachera de lui aucun effort.

La meilleure institution en matière de finances, est celle qui permet au contribuable de
suivre et de contrôler l'emploi de son argent
sans difficultés, sans longs calculs : il sait qu'il
a payé pour un pont, il voit s'élever les piles
du pont, il ne lui en faut pas davantage ; il ne
se plaindra ni du percepteur, ni de la dureté des
temps, il ne fera pas remonter au gouvernement la responsabilité du fardeau des charges
publiques ; il ne songera pas à lui faire expier
ses souffrances et à tenir suspendue sur lui la
menace, toujours suivie d'effet, des révolutions.
La forme provinciale seule peut permettre d'ap-

porter dans le système financier des modifications propres à prévenir le retour de dangereuses
erreurs.

V

Ce ne serait pas, à tout prendre, une innovation
si grande dans notre système financier. On parle
sans cesse du poids des charges publiques, et,
pour le plus grand nombre, les charges publiques
se résument dans le budget de l'État. La France
paie beaucoup d'impôts en dehors de ce budget,
et pour arriver à un inventaire exact il faudrait
réunir aux impôts qui alimentent les finances
de l'État toutes les taxes municipales qui vont
chercher le citoyen, sous toutes les formes, par
toutes les voies et sous tous les prétextes, pour
subvenir aux dépenses de la cité. C'est alors que
les esprits qui s'inquiètent et que les imagina-
tions qui se troublent pourraient se donner carrière. S'il n'en est pas ainsi, c'est que la nécessité et la loi arrêtent à chaque limite de son
territoire ou de son octroi le budget de chaque
ville, de chaque commune.

Pourquoi ne suivrait-on pas la même règle
pour un autre ensemble de dépenses et de recettes qui ne concernent en aucune façon les
services publics de l'État? On resterait ainsi

dans la vérité, et chaque citoyen envisagerait avec moins d'effroi le budget spécial de l'État.

VI

J'ai déjà parlé du principe du fonds commun, du rôle qu'il remplissait dans l'État, de celui qu'il pourrait remplir dans son application au système financier du canton et du département; est-il nécessaire d'entrer dans de longs développements pour faire comprendre l'importance et l'influence que pourrait avoir un fonds commun provincial? Il est évident que c'est dans la division provinciale que le principe du fonds commun pourrait donner tout ce qu'il contient d'avantageux au point de vue matériel, de puissant au point de vue moral.

VII

Je ne redirai pas, car il y a des principes qui doivent rester incontestés, que le système financier de la province devrait être établi sur les bases et d'après les règles du système financier du département; qu'il devrait être combiné de façon à ne pas déranger l'équilibre des finances de la France, et laisser toujours l'État l'arbitre unique de cet équilibre. Il faut, en effet, que le gouvernement puisse resserrer ou étendre la faculté de voter des centimes laissée au conseil de la province, selon que les circonstances de la politique extérieure et les besoins généraux du pays exigeront au sommet une concentration plus ou moins grande des ressources de l'empire.

VIII

Je viens d'indiquer, sans avoir la prétention de les avoir approfondies, quelques-unes des questions d'intérêts matériels qui trouveraient dans la direction provinciale une solution jusqu'ici vainement cherchée; il en est d'un autre ordre pour lesquelles la reconstitution de la province ne serait ni moins utile ni moins urgente.

CHAPITRE VII.

—

Des avantages de la division provinciale au point de vue des intérêts moraux.

Les sciences, les lettres et les arts. — Les archives, les biblio-thèques. — La statistique.

§ 1er.

LES SCIENCES, LES LETTRES ET LES ARTS.

I

Les intérêts matériels ne sont pas les seuls qui soient dignes de notre sollicitude ; quel vaste champ est ouvert par la division provinciale aux intérêts moraux ! Ici encore je m'appuierai sur le témoignage de l'histoire, et je démontrerai par ce qui a été ce qui pourrait être.

On fait dater tant de choses de 1789, qu'on ne doit pas s'étonner de rencontrer des hommes disposés à oublier que l'Université est contemporaine de Bouvines, que l'Académie française date du *Cid*, et que la *Gazette de France* a eu pour fondateur le cardinal de Richelieu. Le vaste mouvement intellectuel embrassant toutes les connaissances humaines, sorti du travail du xvie siècle et de la paix que le génie de Henri IV donna aux esprits et à la France, ne s'était pas concentré dans Paris, mais il dut à notre organisation provinciale de se manifester simultanément dans toutes les parties du royaume. Il faut le dire à l'honneur de la magistrature française, c'est surtout dans les villes parlementaires, au sein même des compagnies et par leur appui, que s'est généralisé cet amour des sciences, des lettres et des arts qui devaient précéder nos armes et porter, dans toutes les cours de l'Europe, avec l'esprit français le nom de la France.

Tout fonctionne aujourd'hui avec une régularité parfaite, chaque province a son collége et son académie dont on fait hommage au xixe siècle. Il suffirait cependant d'interroger les bancs sur lesquels nous nous sommes tous assis et sur lesquels nos fils iront s'asseoir à leur tour, pour apprendre que bien des générations déjà ont passé sur ces mêmes bancs, et que les voûtes de nos écoles, avant d'entendre les voix doctes et aimées de nos modernes universitaires, ont retenti des libres leçons de nos savants et de nos littérateurs de province.

Je sais telle ville de province, ville parlementaire et ducale, qui possédait, avant 1789, un ensemble de cours publics aussi complet que celui que l'Université peut offrir aujourd'hui à la cité la plus favorisée, et tous professés gratuitement par des savants, des historiens, des littérateurs, des artistes éminents, membres distingués de la société la plus polie, mettant avec autant de courtoisie que de dévouement, leur temps, leur science et leurs efforts au service de leurs jeunes concitoyens de tous rangs, et ne cherchant à en retirer d'autre prix que celui d'avoir semé autour d'eux, avec l'égalité des connaissances, le germe de l'égalité dans les conditions sociales. Que de trésors de dévouement et de science sont enfouis dans nos histoires locales et conservés dans la mémoire reconnaissante d'un petit nombre!

Les arts, vers la fin du xviiie siècle, marchaient à la suite de la littérature, la secondaient dans son œuvre de dissolution sociale par la dépravation du goût et appelaient une réaction radicale. Il fallait l'union de bien des mérites divers pour engager les arts dans une voie nouvelle; il fallait joindre à la connaissance des sources antiques cet enthousiasme du beau qui le fait discerner, ce foyer de l'âme qui le fait aimer et cette énergie de caractère qui ne craint pas de braver l'opinion et de tenter les réformes. Vien passe pour le promoteur de cette réaction; sans doute il le fut à Paris, mais bien des années avant lui, un artiste alors inconnu, soutenu par la haute considération et la fortune d'un membre du parlement de Bourgogne, arrachait à la dégradation de son temps l'école des beaux-arts de sa province.

Mais bientôt vint la révolution avec la mission de briser, selon l'expression consacrée, l'édifice gothique et féodal; elle le brisa en effet, et avec lui disparurent les institutions qu'il avait abritées. Il ne reste aujourd'hui de ce passé que des sociétés d'archéologie cherchant dans les décombres les statues mutilées, les chapiteaux brisés et les débris des ogives gothiques de l'édifice féodal.

II

Plus tard, avec l'unité départementale, le gouvernement, passant son niveau sur toutes les institutions, a placé les académies universitaires sur les ruines trop déblayées des sociétés provinciales. Loin de moi la pensée de prononcer une parole amère sur ces nouveaux foyers d'études sérieuses, sur cette discipline qui, bien dirigée, peut porter de nobles fruits; mais cette jeune académie est-elle le dernier mot de notre civilisation ; et à côté d'elle, au-dessus d'elle peut-être, n'est-il pas permis d'espérer encore quelque chose ? La gravité de la vie du lettré d'autrefois, son caractère élevé, sa personnalité indépendante et forte, sont-ce là des biens vulgaires auxquels il nous faut renoncer désormais ? Des membres éminents de l'Université semblent reconnaître eux-mêmes la légitimité de ces biens ; aussi s'empressent-ils d'apporter le tribut de leur science et de leurs veilles à ces académies de province, auxquelles, dans les anciennes cités, quelques écrivains modestes ont confié le dépôt de traditions pieusement recueillies.

Pourquoi donc vouloir, avec préméditation, étouffer dans leurs germes tant de fruits divers que le sol varié de la France peut produire ? Pourquoi ne permettre l'éclosion du talent que sous le ciel gris de l'île de France, alors que notre patrie, par une situation privilégiée, renferme dans son sein les splendeurs du Midi, l'austérité du Nord, les fortes contrées de la Bretagne et celles non moins bien dotées de la Bourgogne ? Nul ne peut contester l'influence du climat sur le génie d'un peuple. Pourquoi ne pas développer toutes les semences que renferme ce sol ? pourquoi ne pas faire mûrir tous les fruits que comporte ce soleil ? Il ne s'agit pas d'obtenir sous le pôle et en serre chaude les produits du Sud, il faut seulement laisser la terre donner spontanément ce qu'elle recèle dans ses entrailles.

III

Ce n'est pas certes que la province ait jamais la folle prétention de sortir du rôle modeste qui convient à son aptitude ; ce qu'elle désire au contraire, c'est qu'on l'organise de telle sorte que ces foyers brillants des sciences, des lettres et des arts, qu'on ne peut rencontrer que dans la capitale d'un grand empire, puissent laisser tomber sur elle quelques-uns de leurs rayons ; ce qu'elle ambitionne surtout, et c'est par là qu'elle se rendra utile, c'est de devenir le centre de travaux graves, propres à amener le dégoût de cette littérature que Paris repousse, et que l'industrie n'enfante que parce qu'elle trouve dans les départements l'écoulement de ses produits ; or, le seul moyen de fermer cette plaie est dans une direction haute et sévère donnée aux esprits dans chaque province.

IV

Mais le développement de la vie intellectuelle en province n'est pas nécessaire seulement aux satisfactions littéraires et spéculatives de l'esprit, il est plus nécessaire encore à l'ordre social et politique.

On parle beaucoup de l'émigration des populations rurales dans les villes, et du préjudice que cette émigration cause à l'agriculture; on en a fait une question sociale; est-ce donc une question moins intéressante et moins grave que celle de l'émigration des populations urbaines vers Paris? Pense-t-on que la morale et le développement des intelligences n'ont pas à souffrir autant de cette plaie, moins observée et moins étudiée, que les campagnes et l'agriculture de l'éloignement de leurs laboureurs?

Nous avons cru entrevoir un remède contre le dépeuplement des campagnes dans la constitution du canton et dans l'influence de la vie provinciale; le remède contre cet abandon des villes par les intelligences vives et ardentes ne se trouverait-il pas aussi dans une organisation de la province qui ouvrirait un champ vaste, honoré et utile aux esprits d'élite qui y naissent, et qui, à peine développés, se hâtent de fuir un lieu où ils ne trouvent ni concours intellectuel, ni appui moral, ni ressources matérielles.

§ 2.

LES ARCHIVES, LES BIBLIOTHÈQUES.

Plusieurs autres questions viennent se grouper autour de celle de l'académie provinciale : aux sciences, aux lettres et aux arts se rattachent en effet la création des grandes bibliothèques et des archives, ces grands éléments du travail intellectuel. Ces vastes dépôts destinés à la fois à recueillir l'histoire des générations écoulées et à fournir un aliment quotidien à la pensée des générations présentes, n'existent qu'au sein des anciennes provinces. Recréer la province, ce serait redonner à ces dépôts précieux les éléments de vie que la division départementale leur a retirés. Pour qui a quelque souci de vivre, le moyen le plus efficace de préparer son avenir, c'est d'assurer la conservation de son passé.

§ 3.

LA STATISTIQUE.

I

On a trop longuement parlé de la statistique et de son importance à propos du canton, pour avoir à y revenir ici; il est évident que la division provinciale se prêtera merveilleusement à toutes ses opérations.

Établie dans la province comme unité, la statistique donnera la situation vraie des forces des diverses parties de l'empire. Autant en effet l'œuvre de la statistique reste obscure lorsqu'elle comprend sous le même titre, sous le même nom, sous le même numéro, les choses des extrémités d'un vaste empire et du centre, celles du Nord et du Midi, de l'Est et de l'Ouest, c'est-à-dire des contrées les plus dissemblables, les plus inégales sous le rapport de la production et de la richesse, autant, au contraire, elle offrira des données exactes et claires lorsqu'elle embrassera une zone ayant des produits, des méthodes, des coutumes et des intérêts identiques.

II

Les considérations qui précèdent s'appliquent aussi aux observations météorologiques. Il sera d'un grand intérêt scientifique, et il ne tardera pas d'être d'un grand intérêt pratique de connaître sous ce dernier rapport les conditions de chaque province.

CHAPITRE VIII.

Des avantages administratifs et politiques de la province.

§ 1er.

AVANTAGES ADMINISTRATIFS.

I

Nous avons vu qu'il était difficile, sinon impossible à un préfet de connaître, même d'une manière approximative, la situation financière de la plupart des communes de son département. On n'a pas oublié que beaucoup de départements comptent plus de trois cents communes, qu'un grand nombre en renferment de sept à huit cents, et quelques-uns plus de neuf cents; nous avons indiqué l'organisation cantonale comme un moyen propre à corriger le vice de cette situation.

La division provinciale met encore plus en relief les avantages de ce système.

L'organisation du canton permet au préfet de connaître facilement la situation de ses budgets cantonaux; mais l'administrateur de la province pourra lui-même descendre avec le préfet dans les détails des administrations locales. Non-seulement il étudiera sans effort et d'une manière approfondie les budgets des trois ou quatre départements compris dans sa circonscription provinciale, mais il lui sera possible de se rendre compte des budgets des soixante ou soixante-dix cantons que renfermera sa province.

Là ne s'arrêteront pas les avantages de la division nouvelle, ils se feront sentir plus haut encore; ils monteront jusqu'au ministre.

II

Quel est le ministre qui a jamais connu la situation financière des communes de la France? Aucun, et cela se conçoit : on ne peut pas exiger l'impossible de l'esprit de l'homme ; mais y a-t-il beaucoup de ministres qui aient possédé, dans le détail, la situation financière des quatre-vingt-six départements de la France? La réponse serait encore facile à faire.

Avec la division provinciale, le ministre ne sera

plus obligé de subir les résolutions de ses bureaux : par l'étude rapide, et qui pourra lui être rendue facile, de vingt-cinq à trente budgets, il aura toujours présent à l'esprit l'état financier du pays tout entier. Cette connaissance lui échappait lorsque son attention devait embrasser quatre-vingts budgets de départements; il ne pourra l'ignorer, sans manquer à son devoir, lorsque son attention n'aura plus à se fixer que sur un petit nombre de budgets de province.

III

Ainsi, transporter sans efforts et sans excès de travail l'étude et le règlement de la situation financière de la France, des bureaux des sous-préfectures, des préfectures et du ministère, à des agents responsables, administrateurs de canton, préfets, gouverneurs de province et ministres, telle sera la conséquence de la division administrative nouvelle. Ce résultat dût-il être le seul fruit d'une réorganisation de l'administration, il mériterait d'appeler les méditations de tous les hommes qui se consacrent par devoir au gouvernement d'un vaste empire.

A ces avantages administratifs viennent se joindre des avantages qui ne leur cèdent rien en importance; je veux parler des avantages politiques.

§ 2.

AVANTAGES POLITIQUES.

I

J'aborde un autre ordre d'idées et d'intérêts; je n'épuiserai pas la matière que le titre de ce paragraphe indique, cela m'entraînerait sur un champ d'observations que je m'efforce d'éviter, et sur lequel je n'entre qu'avec la plus grande réserve quand les nécessités de mon sujet l'exigent : je me bornerai donc à toucher ici rapidement quelques points d'administration, laissant de côté tout long exposé et toutes discussions.

II

Avec la division provinciale, les hommes d'État, déchargés d'une grande partie des détails de l'administration, pourraient consacrer plus de temps et plus d'efforts aux grands intérêts extérieurs et intérieurs du pays;

Mieux renseignés sur les forces vraies de la France, ils laisseraient moins au hasard dans les grandes entreprises extérieures de la politique;

Avertis de toutes les souffrances, ils réparti-
raient à l'intérieur moins inégalement les éléments
du bien-être et du bonheur entre tous les citoyens;
ils détourneraient bien des périls par une intelligente distribution des ressources du pays, et
préviendraient les crises industrielles, commer-
ciales et alimentaires.

III

La division départementale et la division provinciale se sont trouvées l'une et l'autre en face
des révolutions politiques.

La division départementale a subi tous les mou-
vements partis du centre; la division provinciale
a protégé autrefois l'unité française contre les
guerres étrangères et dans les luttes intestines;
il est permis d'espérer que fortement constituée
et bien gouvernée, elle participerait de ses anciennes mœurs, et opposerait aux agitations de
la capitale de l'empire cette force de résistance,
ne fût-elle que passive, que renferme toujours en
lui un État indépendant et complet, si faible
qu'il soit.

IV

Avec la division provinciale, les intérêts de l'État et ceux des diverses fractions du territoire de l'État sont reconnus et garantis.

Car, si d'un côté cette reconnaissance et cette garantie de tous les intérêts fortifient l'unité nationale, d'un autre côté l'existence provinciale est la base d'une décentralisation raisonnable et pratique.

V

Si on envisage ce côté de l'administration qui concerne les personnes, on découvre dans la division provinciale des ressources inattendues.

Les difficultés nées des personnes sont ordinairement très-délicates; l'esprit le plus délié et le plus rompu aux affaires ne peut pas toujours les dénouer : l'administrateur le plus intelligent ne les résout trop souvent que par un fait violent toujours regrettable et quelquefois dangereux.

Quelle est la cause de ce péril et de cette impuissance?

Le chef-lieu de département est trop près de la difficulté; il en a été le théâtre, il en a retenti, et

les esprits y sont trop agités pour qu'une solution
facile, et surtout utile, puisse y être espérée. D'un
autre côté, si le fonctionnaire qui y réside n'a pas
eu assez d'autorité pour empêcher la difficulté de
naître et de grandir, il aura encore moins celle
nécessaire pour la trancher sans blesser les intérêts ou les amours-propres.

Parlerai-je du rôle du ministre dans ces sortes
de débats? Le ministre est trop loin et trop puissant; son intervention ne peut pas être personnelle, il ne peut voir et décider que par son
préfet, et ses solutions portent toujours l'empreinte du commandement et de l'arbitraire.

C'est ici que commencera le rôle de l'administrateur de la province : il sera un intermédiaire
presque toujours écouté entre le citoyen aigri et
le préfet à bout de ressources. Bien des difficultés viendront ainsi expirer auprès de lui et n'i-
ront pas jusqu'au siége du gouvernement fati-
guer le pouvoir.

Si la pensée, se reportant à quelques années en
arrière, fait un retour sur ces temps d'un gouvernement constitutionnel et libéral dont la France a
gardé la mémoire, on se demande ce qui serait
advenu en 1830 et en 1848 si la province eût été
constituée. Qui oserait soutenir que bien des difficultés restées insolubles n'eussent pas été tran-
chées au centre de la province; que bien des
haines n'eussent pas expiré là impuissantes; que

la province, enfin, n'eût pas amorti ces coups qui, en frappant plus haut, devaient détacher chaque jour quelques parcelles de ce ciment dont la dégradation suffit avec le temps pour amener la chute de l'édifice le plus solide? Beaucoup de choses peuvent être dites et faites auprès d'un intermédiaire, qui ne peuvent ni être faites ni être dites impunément au sommet ; et puis, dans la province, quelles ressources pour le déplacement et pour le classement des hommes!....

VI

Il faut tout dire, un gouvernement succombe moins sous les coups de ses adversaires, qu'il ne s'affaisse par l'impuissance de ceux qui le servent.

Au point de vue du concours qu'un gouvernement demande à ses agents, le gouverneur d'une province sera plus utile que le préfet d'un département. Le fonctionnaire se meut avec d'autant plus de liberté qu'il est plus puissant et qu'il est placé dans une sphère plus élevée. L'administrateur le meilleur est celui qui porte dans ses rapports avec le gouvernement qu'il sert la plus grande somme de liberté d'esprit, de fermeté de caractère, d'indépendance de situation. Or le gouverneur, homme considérable, possédera ces mérites divers à un plus haut degré que le préfet. Dans l'armée, l'obéissance passive peut être un devoir ; chez un administrateur civil, elle serait souvent une trahison du devoir.

Le gouvernement qui a besoin de savoir la vérité, ne l'obtient de ses agents qu'en raison directe de la somme d'autorité et de liberté qu'il leur accorde.

VII

J'ai indiqué, au début de cette étude, quelques-uns des auteurs qui ont pris part au mouvement de l'affranchissement provincial dès le milieu du XVIIIe siècle; il me reste en terminant à faire connaître l'opinion d'auteurs anciens et modernes sur la division provinciale.

M. le comte Alexandre de la Borde, dans un livre intitulé : *De l'Esprit d'association,* trace le tableau suivant d'une province dans les pays d'états : « Ces pays offraient partout des communications faciles, une agriculture perfectionnée, des bâtiments publics, des hôpitaux bien entretenus... enfin, tout ce qui constitue une société riche et bien organisée. Chaque entreprise utile à l'État trouvait dans le crédit de ses administrateurs les fonds suffisants à son exécution. Les étrangers, confiants dans un pareil ordre de choses, leur apportaient à l'envi leurs capitaux. En 1780, le Languedoc devait 50 millions aux Suisses, aux Génois et aux Anglais, et pendant que les rentes sur l'État perdaient 30 0/0, ces créances étaient au pair. Singulier effet du crédit et de la bonne foi garantis par les institutions et par l'intervention des hommes dans leurs intérêts. »

Dans un autre livre, sans nom d'auteur, publié en 1818, et portant cette épigraphe tirée d'un écrit du marquis d'Argenson : « *La démocratie bien entendue n'ôte rien à l'autorité,* » l'auteur, très-favorable, on va le voir, aux idées démocratiques, recherchant les procédés d'administration les plus appropriés à notre état social moderne, s'exprime en ces termes : « Nous croyons devoir indiquer, pour la formation des assemblées administratives, l'utilité des grandes divisions. Il a fallu supprimer les gouvernements des provinces pour détruire leurs priviléges particuliers; mais aujourd'hui que cette grande réforme est assurée, *la division actuelle de la France ne convient plus à nos besoins. Il faudrait donc rétablir des généralités,* ou plutôt, pour ne pas changer les dénominations auxquelles la France nouvelle est accoutumée, il faudrait composer de grands départements par la réunion de deux ou trois, selon les localités. » L'idée de province est partout, mais le mot ne peut s'échapper de la plume des écrivains. Ils reconstruisent la chose sous un autre nom; ils craignent de blesser les préjugés de leur temps, et ils se croient libres !

Dès le xviiie siècle, M. le marquis d'Argenson, dans ses *Considérations sur le gouvernement de la France*, avait exprimé les mêmes pensées dans un langage aussi sensé que philosophique : « Il faut, disait-il, être autant en garde contre la réforme que contre les abus. Il y a bien des abus qui ne peuvent se rectifier sans renverser l'usage établi de tous les temps et changer la constitution de l'État ; mais on conclut souvent mal à propos de l'abus, contre l'établissement même. *Comment ne sent-on pas que ce qui subsiste depuis bien des siècles est toujours foncièrement bon et propre au pays, à la nation qui l'ont adopté ?* La plupart des établissements ont été bons dans leur principe et se sont ensuite gâtés et déformés ; il ne faut que les ramener à leur institution primitive. Quelquefois aussi ces établissements ont été d'abord mauvais ; mais ils se sont rectifiés d'eux-mêmes dans le cours de leur durée, et ensuite déformés. Dans ce cas, il faut les ramener au point où ils ont été les plus utiles. »

Qu'on ajoute à ces réflexions la constitution donnée par Louis XVI aux assemblées provinciales, et l'on aura dégagé des préventions modernes la vérité historique sur la province.

CHAPITRE IX.

De quelques objections contre la division provinciale.

I

Les développements qui précèdent contiennent
la réfutation des objections qu'on pourrait élever
contre le principe d'une reconstitution de la province : aussi n'a-t-on désormais qu'à ramener l'attention sur quelques points qui peut-être n'auraient pas été suffisamment éclaircis.

Parmi les objections à combattre, la plus grave
est celle que certains esprits entreprendraient
de tirer d'une sorte d'incompatibilité d'humeur
entre la France de nos jours et ce mot de province et l'institution que ce mot représente. Or,
la France a jugé cette objection et en a fait elle-
même justice. N'a-t-elle pas, en effet, accepté
dans la forme départementale et son mécanisme
administratif, une province amoindrie, la province
d'autrefois moins son importance politique, et sa

place dans l'histoire? Chaque jour elle admire la
province et l'esprit de ses constitutions dans notre
organisation judiciaire, objet de son légitime orgueil, dans son organisation militaire, universi-
taire et forestière, et elle ne croit pas avoir re-
construit dans ces institutions l'édifice gothique
et féodal qui blessait hier, qui blesse peut-être
encore aujourd'hui les susceptibilités de quelques
hommes héritiers aveugles des idées d'un autre
âge. Écartons donc cette objection d'incompatibilité d'humeur; ce n'est pas sous ce prétexte
qu'on pourrait persister à prolonger plus longtemps le divorce de la France du xixe siècle avec
son ancienne et vraiment nationale organisation
par province.

II

Mais, ajoutent les mêmes hommes, ceux à
l'usage desquels sont les arguments qu'on vient
de répéter, la division par province porterait atteinte à l'unité nationale. Rapprochement singulier! dans leur opinion, le sort de cette unité est
attaché au plus grand fractionnement administratif du pays.

Or, qu'il me soit permis d'oser le dire, jamais
erreur plus grande n'a dominé plus despotique-
ment l'opinion d'une nation et d'une époque.

Non-seulement l'unité politique de la France n'a jamais dépendu du fractionnement de son territoire en départements; mais si cette unité eût pu être ébranlée, c'est par le fractionnement en départements qu'elle l'eût été. « Chose bizarre, dit un historien (1), ces provinces, diverses de climats, de mœurs et de langage, se sont comprises, se sont aimées; toutes se sont senties solidaires. Le Gascon s'est inquiété de la Flandre; le Bourguignon a joui ou souffert de ce qui se faisait aux Pyrénées; le Breton, assis au rivage de l'Océan, a senti les coups qui se donnaient sur le Rhin. »

Chose bizarre sans doute pour l'esprit qui s'est habitué à ne voir l'unité française que dans le décret qui a substitué à la province la division départementale, mais non pour le citoyen qui cherche l'unité dans le génie de la France. Renonçons donc enfin à faire hommage à la révolution de cette unité. L'unité française a été la grande œuvre de la monarchie; quant à l'Assemblée constituante, elle n'a fait que passer un badigeon d'une même teinte sur toute la surface de notre territoire. Avant-elle, voyons-nous les provinces s'insurger les unes contre les autres, les membres se révolter contre la tête? Quel individu, dans la grande famille provinciale, a jamais décliné cette

____

(1) M. Michelet.

solidarité qui étonne et qu'on admire ? Évoquer les nécessités de l'unité de la France contre la pensée de la réorganisation provinciale, c'est méconnaître l'autorité de l'histoire.

L'unité française n'a été si fortement et si promptement constituée qu'à la faveur de la division provinciale, cette division a facilité la conquête, et après la conquête l'assimilation des peuples conquis. Quelles difficultés n'eussent pas rencontrées nos rois dans l'œuvre de la formation de la monarchie, s'ils eussent imposé au lendemain de chaque réunion au peuple qu'ils rattachaient à leur couronne les chaînes intolérables d'un langage nouveau, de mœurs étrangères, de lois inconnues?

Si dans l'origine la division provinciale a aidé à constituer l'unité, elle a plus tard aidé encore à la protéger et à la maintenir. Qui pourrait dire ce qui serait advenu de la France, si Louis XI, Henri IV, Richelieu, Louis XIV, eussent eu sous la main un empire fractionné en départements? Avec la province ils ont triomphé des plus formidables attaques du dehors et du dedans; la division départementale, au contraire, qu'a-t-elle constitué, qu'a-t-elle maintenu? Depuis le jour où la France, par un esprit hostile au génie provincial, a été divisée en départements, combien de secousses politiques n'a-t-elle pas éprouvées; à quelle chute de gouvernement et de dynastie n'a-t-elle pas assisté; à quel deuil n'a-t-elle pas été condamnée? Quel secours, quel appui, quelle force le département a-t-il prêté au pouvoir en détresse? L'histoire contemporaine nous fait une invariable réponse : chaque département a subi en silence la chute du gouvernement ancien et a accepté sans protestation l'élévation d'un pouvoir nouveau! Qui nous dit que la province n'eût pas résisté, qu'elle n'eût pas été un rempart à l'ordre et aux lois, qu'elle n'eût pas à l'heure du péril retrouvé son énergique personnalité? Cette énergie dans tous les temps a été au service de toutes les nobles causes : elle a non-seulement garanti l'indépendance de la France et prévenu ses déchirements du XIVe siècle à la fin du XVIe; mais elle a parfois protégé le gouvernement contre lui-même. Combien de provinces ne connurent pas les rigueurs de la Saint-Barthélemy! Qui pourrait affirmer que des départements eussent été aussi heureux, et qu'un préfet eût pu oser ce que les gouverneurs de Carcassonne, de Montpellier, de Dijon ne craignirent pas d'accomplir! Les destinées de la France divisée en départements n'ont cessé d'être ballotées de date en date: du 21 janvier au 9 thermidor, du 18 brumaire à l'an IV, de 1814 à 1830, de 1848 à 1851.

Après tant et de si douloureuses expériences comment peut-on prétendre que la division départementale est le chef-d'œuvre et le dernier

mot du génie de l'administration, la garantie de
l'unité nationale? Repoussons toute illusion: l'Assemblée constituante, en dotant la France de la
division départementale, ne l'a pas dotée d'une
force réelle; elle a promené sur le pays une règle
et une équerre, elle n'a établi un ordre apparent
qu'à la surface.

Je ne m'arrêterai pas davantage à dissiper les
terreurs de ces esprits qui tremblent au mot de
province pour l'unité actuelle de l'empire. Lorsqu'en 1789 on décréta la division nouvelle de la
France, était-ce le souvenir des luttes de Richelieu contre les ducs gouverneurs de province qui préoccupait les hommes d'État d'alors?
Craignaient-ils de voir se dissoudre l'unité de
la monarchie sous les coups de quelques grands
feudataires révoltés? Non, ils ne redoutaient
alors que l'esprit profondément monarchique et
français des provinces. Ils appréhendaient que
sur certains points du territoire cet esprit ne
se manifestât en faveur des représentants des
auteurs de cette unité, depuis Philippe-Auguste
jusqu'à Louis XVI. Voilà la cause véritable des
actes de l'Assemblée constituante et de la division du territoire en départements. Aurait-on aujourd'hui une pareille crainte?

Ne voyons donc désormais dans la province
que ce qui doit y être : comme le département,
la province, pour me servir d'une expression

de 1789, ne sera qu'une section d'un même tout qui est la France; une administration uniforme embrassera toutes ces sections, et les rattachera par un régime commun à ce centre unique qui est l'État. Quel changement notre administration aura-t-il donc subi? un seul : l'étendue de la province sera plus grande que celle du département, ses limites plus vastes n'auront plus rien d'arbitraire, elles seront l'œuvre de la nature et non des hommes; elles n'auront pas été créées par décrets, mais par le temps; ici vivra un peuple pasteur, là un peuple agriculteur; sur ce bassin houiller grandira une population industrielle; sur ces côtes battues par les mers s'élèveront des cités commerçantes. Il résultera pour la province de son étendue territoriale et des aptitudes spéciales de ses habitants une plus grande force propre qui, ménagée avec soin, dépensée avec intelligence et jamais gaspillée, accroîtra d'autant les forces générales du pays tout entier.

Certains auteurs n'ont vu l'unité française que dans les pouvoirs dont le gouvernement est directement et exclusivement investi : c'est une erreur; les éléments de cette unité sont dans le concours de toutes les forces de la France; or, la double base de ces forces est dans la commune et la province. Le gouvernement a dans ses mains un puissant levier sans doute; ce levier, c'est le budget, c'est l'armée,c'est la flotte, ce sont les lois qui garantissent l'ordre public et lui permettent de défendre le pays contre les coups venus du dehors, et à l'intérieur de se défendre lui-même contre les attaques des factions. Mais ces éléments de l'unité, qui, après tout, ne sont qu'un levier, qu'en fera-t-il sans un point d'appui? Archimède avec son levier voulait soulever la terre, mais à la condition qu'on lui donnerait un point d'appui; sans ce point d'appui son levier restait inerte, sa force n'était qu'une impuissance. Ce qui est vrai en mécanique est aussi la vérité dans les sciences morales; pour l'administration d'un empire le point d'appui c'est cette force concentrée à la base dans la commune, au sommet dans la province.

Loin donc de porter atteinte à l'unité française, la division par province ajoutera à la force de cette unité et la rendra plus invincible.

III

Une question plus grave a été agitée dans ces derniers temps, il importe de l'étudier avec soin.

La France, par des considérations qui se rattachent soit à la protection de l'ordre à l'intérieur, soit à des préoccupations de guerre étrangère, a été récemment divisée en grands commandements militaires. Des esprits inquiets plutôt qu'actifs, aventureux plutôt qu'expérimentés, ont aussitôt conclu des grands commandements militaires aux grandes préfectures. De même que les divisions militaires étaient partagées en plusieurs groupes et placées sous le commandement d'un maréchal de France. de même les préfectures eussent dû former un petit nombre de groupes, à la tête desquels eussent été mis des administrateurs plus éminents par l'expérience et par l'autorité.

Ceci mérite un examen approfondi ; il est nécessaire d'examiner un plan aussi vaste, dans son ensemble et dans ses détails.

Et d'abord, qu'est-ce que l'administration militaire ? Y a-t-il quelques points de ressemblance entre l'administration militaire et l'administration civile ? La première est l'administration de la guerre, la seconde est plus particulièrement l'administration de la paix.

La mission de l'administration de la guerre est immense : elle doit à la fois assurer le maintien de l'ordre dans l'intérieur de l'empire, et veiller sur le respect de sa grandeur et de son autorité à l'extérieur ; mission redoutable et belle, qui lui impose l'obligation d'être toujours prête

On comprend que les nécessités de l'ordre à l'intérieur, on comprend que les soins de la sécurité de nos frontières, ou mieux encore que

des préoccupations généreuses et politiques de
gloire et de grandeur nationales aient fait diviser
la France en grands commandements militaires.
Mais, qu'on le remarque, cette organisation nouvelle n'a fait apporter aucune modification à l'administration militaire proprement dite, elle repose toujours sur les lois antérieures. La division
de la France en grands commandements n'a donc
eu pour but que de mobiliser des forces considérables, et rien de plus.

Or, c'est par ce côté qu'apparaît la grande différence qui existe entre l'administration de la
guerre et l'administration civile.

Qu'est-ce qu'un régiment? C'est une force organisée, ayant son administration simple et forte
qu'il porte partout avec lui, aujourd'hui ici, demain là. Il porte tout avec lui, ai-je dit. Tout
n'est-il pas avec le drapeau? L'histoire du drapeau
n'est-elle pas celle du régiment? Le drapeau ne
représente-t-il pas ses archives? Les grands commandements militaires ne sont et ne peuvent re-
présenter qu'un groupe d'un plus ou moins grand
nombre de régiments.

L'administration de la guerre est une chose
propre, spéciale, un seul intérêt, une branche
unique et complète dans l'administration d'un
empire.

L'administration civile, au contraire, embrasse
tous les intérêts moraux et matériels qui consti-

tuent une société : la guerre par le recrutement, la paix par l'agriculture, les intérêts matériels par les routes, l'industrie, le commerce; les intérêts moraux par les écoles, les beaux-arts, etc. Ses forces sont toutes à tous et à tout; ici aux travaux de la pensée, là aux œuvres d'un autre ordre.

Dans l'administration de la guerre, un homme peut tout porter sur tel ou tel point du territoire de l'empire, ou en dehors du territoire de l'empire.

Le caractère de l'administration civile est la stabilité. Une commune peut-elle lever sa tente comme un régiment, et aller la planter ailleurs? Cela ne se voit qu'au désert.

Les intérêts civils sont répartis sur le sol et y tiennent; ils sont aussi multiples que les besoins de l'homme, aussi variés que sa nature, aussi impérieux que ses passions. Ils sont enracinés dans le sol par les mœurs, les habitudes, les traditions, et parmi ces mœurs il y en a qui sont nées du climat et qu'on ne change pas plus qu'on ne déplace le soleil.

On ne peut pas grouper les besoins, les nécessités, les intérêts, comme on groupe des régiments; on ne peut pas les transporter du nord au sud, les faire mouvoir sur un échiquier: il faut les subir, c'est la loi de la nature. Un gouvernement peut s'en servir, c'est son droit;

mais il faut qu'il leur donne satisfaction, c'est
son devoir : quelque puissant qu'il soit, s'il ne
remplit pas ce devoir, il arrivera bientôt, comme
un homme qui use ses forces sans les réparer,
à l'épuisement. Pour une nation, l'épuisement
c'est non-seulement la perte de sa force à l'intérieur, mais c'est la perte de son indépendance et
de sa dignité dans le monde.

Il n'y a donc aucune similitude et aucun point
de comparaison possible entre l'administration civile et l'administration militaire; il suit de là
qu'on ne peut pas conclure des grands commandements militaires à de grandes préfectures. Il
ne doit rester de cette discussion qu'une chose,
c'est la constatation d'un besoin et l'aveu qu'un
remède est nécessaire à un mal constaté. Le mal,
ce sont les limites étroites du département, le remède sera dans la division provinciale.

Il y a ici une grande erreur qui doit être dis-
sipée; c'est toujours l'éternelle question de la
forme et du fond. Les multitudes se préoccupent
plutôt de l'une que de l'autre, et cela est naturel :
la forme, c'est l'extérieur qui frappe tout le monde,
le fond ne se révèle qu'à la réflexion et à l'étude;
or, les multitudes ne savent ni étudier ni réfléchir.

Il y a, disons-nous, une grande erreur à détruire; c'est que si les grands commandements
peuvent donner d'heureux résultats au point de

vue des choses de la guerre, il n'en sera pas de
même des grandes préfectures au point de vue
de l'administration des intérêts civils. Il suffit de
créer un grand commandement militaire pour
mettre cent mille soldats, et la force immense
qu'ils représentent, entre les mains d'un homme;
il ne suffit pas de dire je crée une grande préfecture pour avoir créé une grande force.

Mais, dira-t-on, pourquoi les grandes préfectures ne suppléeraient-elles pas à la division provinciale?

Pourquoi? le voici :

Il ne suffit pas de grouper un certain nombre
de départements autour d'un autre département
pris comme centre, et de dire : l'administrateur de
ce département central aura une suprématie sur
les préfets des départements voisins, pour avoir
créé une force nouvelle, ou pour avoir donné aux
forces anciennes une direction ou un emploi plus
utile.

Ce qu'il faut pour créer des forces, c'est mieux
répartir les forces actuelles, c'est empêcher leur
diffusion et leur perte, je dirais presque leur
gaspillage. Pour atteindre ce but, j'ai proposé la
division provinciale; mais en proposant la division provinciale, je n'ai pas entendu qu'on l'opérât
seulement par le groupement de quelques départements autour d'un autre département; j'ai demandé avant tout que la province fût constituée

civilement, qu'elle fût élevée au rang de personne morale, qu'elle eût ses droits, ses propriétés, son budget, qu'elle concentrât en elle certaines institutions sans forces dans les limites du département, mais appelées à en emprunter une grande à l'étendue et aux ressources de la province.

A quoi aboutirait au contraire un petit nombre de grandes préfectures sans vie propre, et on ne saurait leur en donner une, autour desquelles on aurait réuni des besoins et des intérêts étrangers entre eux depuis l'origine de la monarchie? Avec la division départementale on a divisé ce qui devait rester uni, avec les grandes préfectures on réunirait ce qui doit rester divisé. On n'aboutirait donc qu'à créer des centres de centralisation n'ayant pas la raison d'être de la centralisation de la capitale de l'empire, et qui par cela même ne serviraient qu'à jeter dans les esprits les germes d'une vive irritation, de dangereuses et légitimes jalousies. Les grandes préfectures ne seraient qu'un rouage inutile, qu'une augmentation de frottement sans résultat, qu'une déperdition des forces du corps social, rien de plus.

D'où vient donc cette avidité des esprits à se jeter dans l'inconnu, cette ardeur à découvrir dans une nouveauté le remède infaillible à toutes les maladies de la société; d'où vient cet engouement pour ces mots les *grandes préfectures ?*

Ah! c'est qu'il y a des hommes, et le nombre en est grand, qui lorsqu'ils considèrent les forces sociales ne se demandent pas comment, par qui, pourquoi ces forces ont été produites; ils ne se préoccupent que d'une chose, de leur distribution ou plutôt de leur consommation. Ils semblent ignorer que pour distribuer des forces il faut en avoir, que pour en avoir il faut les faire naître. Faire naître des forces, tel est le but suprême de l'organisation administrative.

Le ministre de la guerre ne crée pas les forces, il les organise; les véritables créateurs des forces d'un pays sont les ministres de l'intérieur, de l'agriculture, du commerce et des travaux publics.

Concluons de tout ce qui précède qu'une organisation bonne au point de vue militaire, ne saurait par cela même être bonne au point de vue de l'administration civile, et que les grandes préfectures ne sauraient remplacer la division du territoire en provinces.

On ne parlera pas des réunions de préfets, moyen de gouvernement plus ou moins heureux; ces conseils de fonctionnaires ne sauraient être transformés en une institution.

CHAPITRE X.

Résumé général.

J'ai entrepris de tracer l'histoire de l'adminis-tration moderne; j'ai fait connaître ses origines, ses vicissitudes, ses développements.

J'ai recherché la fin, le but de l'administra-tion; j'ai cru les trouver dans la création et la distribution des forces morales et matérielles d'une nation.

Nous avons vu que l'organisation de notre administration datait de l'an VIII; qu'à cette époque le gouvernement qui régissait la France, par une nécessité de son temps, se préoccupait particu-lièrement d'ordre matériel; que, du reste, le système d'administration qu'il avait adopté répondait aux moyens d'action que l'état de la viabilité mettait entre ses mains et aux besoins des populations.

Nous avons signalé les graves modifications apportées par la suite des temps et la succession des événements dans la situation de l'an VIII, les besoins nés de mœurs nouvelles et la nécessité d'élever, par le développement des forces du pays, la richesse au niveau de ces besoins.

Je me suis demandé si la forme de notre administration était immuable, et si, dans son état actuel, elle facilitait suffisamment le développement et la répartition équitable de toutes les forces de la France.

J'ai été ainsi amené à examiner, au point de vue de l'administration pure, des questions qui ont été résolues jusqu'ici selon les données toujours exclusives de la politique.

J'ai pensé que les sciences morales et l'économie politique avaient des lois qui pouvaient être d'une grande utilité pratique dans l'administration, que le moment était venu de les appliquer, mais que cette application ne pouvait avoir lieu que dans un milieu convenablement préparé.

J'ai constaté que la division d'arrondissement n'avait pas répondu aux vues de son auteur, et qu'une organisation cantonale pouvait seule combler la lacune qui existe entre le département et la commune.

J'ai remarqué que dans le département tout était conventionnel, que rien n'y était l'œuvre de la nature des choses, et que cette division du territoire n'était entrée dans le système de l'organisation de la France que par une série de déviations qui, en la rapprochant de la province, l'éloignait du principe de son origine.

J'ai cru reconnaître que la principale chose à faire disparaître dans le régime antérieur à 1789, c'était les inégalités existant alors entre les provinces. « L'administration des pays d'états, à quelques exceptions près, le régime des intendants, à quelques abus près, est, disait souvent Louis XVI, ce qu'il y a de mieux dans mon royaume. »

Ces idées si justes, exprimées dans un langage d'une simplicité si noble, m'ont frappé. Les inégalités ayant disparu, les exceptions n'existant plus, les abus ayant été détruits, il m'a semblé que le moment de faire retour à une antique institution était venu.

Circonstance singulière : en même temps que les obstacles tombaient, toutes les découvertes modernes, toutes les inventions dont le génie de notre temps est légitimement fier, nous ramenaient logiquement à l'ancienne division du territoire de la France en province : ainsi le développement des routes et des canaux, les applications de la vapeur et de l'électricité.

Il ne s'agit donc que de constituer l'administration dans les conditions sorties d'un progrès régulier.

Quelles seront ces conditions ?

Pour les connaître j'ai interrogé tous les hommes qui, depuis 1789 jusqu'à nos jours, se sont occupés des matières administratives; tous les orateurs qui les ont traitées du haut de nos tribunes publiques, tous les publicistes qui les ont agitées dans leurs écrits.

Du sein de la masse énorme d'idées qu'ils ont remuées, des points de vue qu'ils ont signalés, des passions qu'ils ont soulevées, j'ai vu se dégager des idées simples et nettes que je me suis efforcé d'analyser et de réunir. C'est ainsi que j'ai pu constater la force de certaines de nos institutions, la faiblesse ou la nullité de plusieurs autres. La conclusion de ce travail, peut s'exprimer en peu de mots :

Respect de la commune;

Organisation du canton;

Suppression de l'arrondissement;

Conservation du département;

Reconstitution de la province.

La commune c'est notre histoire, c'est la base de notre système administratif.

L'organisation cantonale répond à ce besoin nouveau de progrès indéfini dans l'ordre matériel qui tourmente les populations.

La suppression de l'arrondissement sera celle d'un rouage inutile condamné à sa naissance, et qui aura duré soixante années sans rien produire.

La conservation du département est une garantie donnée à tous les intérêts nés de cette division administrative que le temps a sanctionnée en la transformant.

La reconstitution de la province, en posant sur l'édifice de notre administration un noble couronnement, sera pour le gouvernement une source de richesse et d'ordre, pour les citoyens une espérance de liberté.

LIVRE TROISIÈME.

PRATIQUE ET THÉORIE.

LIVRE TROISIÈME

PRATIQUE ET THÉORIE.

CHAPITRE PREMIER.

Observations préliminaires.

I

Jusqu'ici je suis resté dans le domaine de la théorie; j'aborde, tentative téméraire, celui de l'application.

Je n'ai pas la prétention de rédiger un projet de loi; seulement, comme l'indique le titre de ce livre, j'ai voulu rapprocher l'application de la théorie afin de me démontrer à moi-même si dans le cours de cette étude, j'ai constamment contenu ma pensée dans les limites étroites de l'expérience.

Le travail qui va suivre sera hérissé de chif-

fres; puisse le mérite d'une incontestable précision faire oublier son aridité !

II

Avant 1789, la France était divisée en trente-
trois provinces.

Elle est divisée aujourd'hui en (1) :

86 départements,
363 arrondissements,
2,850 cantons,
36,826 communes.

Ce travail de la division de territoire de la
France a été ainsi fait que dans les départements
le nombre des arrondissements varie de 2 à 7 ;
Le nombre des cantons de 17 à 61 ;
Et le nombre des communes de 106 à 903.
La même inégalité se retrouve dans le chiffre de
la population.
Ce chiffre, pour les cantons, varie entre moins
de 1,500 âmes et plus de 20,000 ;

______

(1) Je prends la France avant ses récentes conquêtes. Je donne les
chiffres du dernier recensement (1856). Presque toutes les données sta-
tistiques que j'indique sont empruntées à l'excellent livre de M. Maurice
Block. Du reste, je me bornerai le plus souvent à des indications en
chiffres ronds.

Pour les départements, entre **129,556** habitants et **1,212,353**.

Afin d'être plus rationnel dans toutes ces appréciations, on a laissé de côté le département de la Seine, qui est placé dans des conditions spéciales.

On comprend qu'une grande inégalité existe entre les communes et entre les provinces, divisions anciennes, nées du temps, des lieux, des mœurs ; on ne la comprend pas portée à ce point dans une combinaison moderne, accomplie arbitrairement par la volonté de l'homme dans un but d'égalité.

Cependant si on se reporte à la manière dont ce grave travail s'est opéré, l'étonnement qu'on éprouve en face d'une aussi choquante inégalité cesse bientôt. Le principe de la division du territoire français ayant été adopté le **22** décembre **1789**, le travail matériel de la division se trouvait achevé le **26** février **1790**, c'est-à-dire à peine deux mois après. Pour l'arrondissement, le principe est posé dans la constitution consulaire du **22** frimaire an VIII, et nous trouvons l'exécution accomplie dans la loi organique du **28** pluviôse de la même année, c'est-à-dire deux mois six jours après. Quant au canton, la chose a été plus expéditive encore ; on s'est borné à dire : il y a six mille cantons, c'est trop de moitié, désormais il n'y en aura plus que trois mille. Enfin, si on remarque qu'indépendamment de la précipitation avec laquelle il accomplissait les choses, le gouvernement d'alors n'avait pas à sa disposition une administration organisée et les puissants moyens d'information dont il dispose aujourd'hui, on cessera de s'étonner de rencontrer une si rare inégalité dans des mesures prises non-seulement au nom de l'égalité, mais encore au point de vue de la symétrie.

En dehors de toute autre considération, cette inégalité réclamerait une révision, sinon une refonte complète du travail de la division du territoire de la France.

III

Les observations qui vont suivre porteront sur l'organisation de la province et sur celle du canton. On aura peu de chose à dire de la reconstitution provinciale qui a ses bases anciennes, et qui, par cela même, peut s'opérer sans trouble et sans efforts. On traitera du canton en premier lieu par deux motifs : d'abord, parce qu'il est appelé à devenir une unité importante dans notre système administratif, ensuite parce qu'il sera le point de départ de toute organisation nouvelle. Le canton, quant à présent, n'appartient qu'à l'organisation judiciaire. Or, comme cette organisation, du moins au point de vue du canton, devra suivre le sort de la nouvelle circonscription proposée, on devra tout d'abord descendre dans le détail de la division cantonale actuelle, et, par conséquent, s'occuper de l'organisation judiciaire.

CHAPITRE II.

—

De l'administration de la justice.

I

Si l'on porte son attention sur l'administration de la justice, on voit trois cent soixante-deux tribunaux de première instance, comprenant un personnel de deux mille quatre cent quatre-vingt-huit magistrats, et, en outre, les greffiers, commis greffiers et officiers de toutes sortes.

La somme totale inscrite au budget de 1859, pour les tribunaux de première instance, est de 7,793,095 francs.

Au-dessous des tribunaux de première instance, dans la hiérarchie judiciaire, viennent prendre place les juges de paix. Il n'y en a pas moins de deux mille huit cent cinquante, à raison de un par canton; chaque juge de paix est assisté d'un greffier.

La somme totale inscrite au budget de 1859,

pour le service des justices de paix, est de 7,106,420 francs.

On n'a pas à s'occuper ici de la magistrature des cours.

Le personnel dans l'administration civile et judiciaire n'a pas toujours été le même; il a varié avec les systèmes; les sommes affectées à ces divers services ont également changé et avec les systèmes et avec les temps.

Ainsi, pour ne parler que de l'administration de la justice, le nombre des tribunaux de première instance, alors qu'ils portaient le nom de tribunaux de districts qui leur avait été donné par la loi des 16-24 août 1790 sur l'organisation judiciaire, était de plus de six cents. C'est de la loi du 28 pluviôse qu'ils ont reçu le nom qu'ils ont conservé jusqu'à nos jours, et c'est par elle que leur nombre a été fixé au chiffre qu'il comprend aujourd'hui.

Quant aux justices de paix, leur nombre a subi d'énormes variations. Par la loi de leur institution, la France ne comptait pas moins de six mille justices de paix; une loi postérieure a porté la réforme dans cette organisation et réduit le nombre de ces tribunaux; mais comme elle ne pouvait pas détruire de suite les circonscriptions alors existantes en les remplaçant par d'autres, elle décida que le nombre des justices de paix ne serait pas inférieur à trois mille. Ce nombre, nous l'avons déjà vu, a été réduit de nouveau : il est aujourd'hui de deux mille huit cent cinquante.

II

Ces chiffres sont-ils donc si respectables qu'on ne puisse plus les modifier? Sur quelle donnée, sur quel travail préparatoire reposent-ils? Ils ont été l'œuvre non de la réflexion, mais de la nécessité du moment; pour les justices de paix notamment, ils ont été écrits dans la loi d'un trait de plume; le législateur a fixé le chiffre de trois mille par une seule raison, c'est que le chiffre primitif était de six mille, et qu'il a jugé opportun de le réduire, par une seule opération, de moitié.

Au point où je suis arrivé il y aurait un travail curieux et intéressant à faire, ce serait d'étudier et de comparer entre elles les circonscriptions des tribunaux de première instance, et de soumettre à la même épreuve les circonscriptions des justices de paix.

Ce travail ne peut être fait avec exactitude qu'au ministère de la justice. Je ne l'entreprendrai pas. Cependant je n'ai pu résister au désir de jeter un regard sur un département qui m'est bien connu, et de me rendre un compte exact de l'état et de la distribution des cantons dans ce département. Or, voici le résultat non d'un travail véritable, mais d'une observation rapide et cependant très-exacte, car elle a pour base des chiffres officiels.

III

Le département de la Côte-d'Or n'a pas eu lieu de se plaindre dans la division départementale. Tout chez lui est à peu près équilibré, et il n'y a en France qu'un petit nombre de départements placés dans des conditions plus équitables et plus favorables. Cependant, au point de vue de la division par arrondissements et par cantons, voici les résultats qu'il présente.

Le département de la Côte-d'Or comprend quatre arrondissements. L'étendue totale de son territoire étant de 874,634 hectares, la contenance moyenne pour chaque arrondissement serait d'environ 218,658 hectares. Je néglige les fractions.

	Hectares.
Or, l'arrondissement de Dijon a..	301,313
Celui de Beaune................	212,484
Celui de Châtillon.........	197,469
Celui de Semur................	163,068

C'est-à-dire pour ce dernier près de moitié moins que l'arrondissement de Dijon.

Poursuivons, et faisons, relativement à la population, le travail que nous venons de faire sur l'étendue du territoire.

La population totale du département étant de 396,524 habitants, la population moyenne pour chaque arrondissement serait de 99,131 habitants.

Habitants.

Or, l'arrondissement de Dijon a.. 146,761
Celui de Beaune................ 125,315
Celui de Semur................. 70,227
Celui de Châtillon............. 54,221

Donc ce dernier arrondissement a 92,540 habitants de moins que l'arrondissement de Dijon, c'est-à-dire qu'il ne compte que un peu plus du tiers du nombre total de l'arrondissement de Dijon, tandis que les deux arrondissements réunis de Semur et de Châtillon, offrant un total de 124,448 habitants, sont encore inférieurs à l'arrondissement de Dijon de 42,313 habitants, soit presque du chiffre de la population entière du Châtillonnais.

Dans cette situation il n'est pas possible d'espérer qu'on aura pu maintenir un équilibre équitable dans la répartition de la population des communes par cantons, et, en effet, le résultat offre les rapprochements les plus choquants.

Ainsi, le département de la Côte-d'Or contient trente-six cantons; la moyenne pour chaque arrondissement, il y en a quatre, serait de neuf.

Cantons.

Or, l'arrondissement de Dijon comprend   14

Celui de Beaune......................   10

Celui de Semur......................   6

Celui de Châtillon...................   6

C'est-à-dire que les deux derniers arrondissements réunis renferment deux cantons de plus que l'arrondissement de Beaune pris isolément, et deux de moins que l'arrondissement de Dijon.

Les mêmes résultats se reproduisent dans la distribution des communes.

Le nombre total des communes pour tout le département est de sept cent vingt-huit, la moyenne pour chaque arrondissement est de cent quatre-vingt-deux.

Communes.

Or, l'arrondissement de Dijon renferme   266

Celui de Beaune......................   202

Celui de Semur......................   143

Celui de Châtillon......   116

C'est-à-dire que les arrondissements de Semur et de Châtillon réunis ont sept communes de moins que l'arrondissement de Dijon seul; que Semur en a cent vingt-trois de moins que Dijon, et Châtillon cent cinquante, soit pour ce dernier arrondissement dix-sept de moins que la moitié de Dijon.

Il est inutile de pousser plus loin cette étude, on observera seulement qu'on remarque dans les can-

tons une inégalité plus grande encore. Ainsi, s'agit-
il du nombre de communes qui composent chaque
canton, nous constaterons que la moyenne par
canton devrait être de vingt communes. Or, le
canton de Gevrey en renferme trente-trois alors
que celui de Grancey n'en compte que onze. Si
nous établissons la comparaison au point de vue
de l'étendue du territoire nous obtenons ce résultat que le canton de Gevrey a une superficie
de **25,111** hectares et celui de Grancey de
17,002. Nous constaterons enfin que la différence entre certains cantons est plus considérable encore, car elle varie entre **17,002** hectares
et **44,851**.

Enfin si l'on porte ses investigations sur le
chiffre de la population dans chaque canton, on
aura à relever les différences suivantes :

Le canton de Châtillon-sur-Seine compte
16,358 habitants, le canton de Grancey-le-Châ-
teau **3,260**, c'est-à-dire cinq fois moins.

Mais, objectera-t-on peut-être, Châtillon est une
petite ville, chef-lieu d'arrondissement. Poursuivons et puisons nos termes de comparaison dans
les cantons ruraux : là nous retrouverons une
aussi choquante inégalité; nous rencontrerons
beaucoup de cantons de **10**, **12** et **14,000** âmes
à côté de cantons de **5**, **6** ou **7,000** âmes; on ne
parlera plus de Grancey et de ses **3,260** habitants.

Ces résultats sont importants, car ils démontrent que sous le triple rapport du nombre des communes, de l'étendue du territoire et du chiffre de la population, le travail des circonscriptions cantonales est à modifier. Il faut encore observer que le labeur du juge de paix n'est pas seulement en raison du chiffre de la population, mais qu'il est aussi en raison de l'étendue sur laquelle cette population est disséminée et qu'il doit parcourir. On ne pourrait donc pas répondre que les choses pour lui s'égalisent, et que s'il a plus à faire au point de vue du chiffre de la population, il a moins de fatigues à supporter au point de vue de l'étendue du territoire qu'il a à parcourir et *vice versâ*. En effet, on remarquera que les trois causes d'infériorité relative se trouvent le plus souvent réunies et qu'aucune compensation ne peut être établie.

Il serait facile de démontrer que les résultats qu'on a constatés dans le département de la Côte-d'Or se reproduisent dans toute la France; on se bornera à indiquer des données générales qui viennent à l'appui de cette opinion.

Un travail officiel préparé pour la discussion des lois relatives à l'organisation départementale fournit les renseignements suivants qui doivent être exacts encore aujourd'hui.

Il y a en France six cantons qui renferment chacun moins de 1,500 âmes;

14 ont une population de 1,500 à 2,000 âmes.
34   —   de 2,000 à 3,000   —
42   —   de 3,000 à 4,000   —
57   —   de 4,009 à 5,000   —
1,110   —   de 5,000 à 10,000   —
1,501   —   de 10,000 à 20,000   —
61   au-dessus   de 20,000 âmes.

Ainsi le chiffre de la population dans les cantons varie entre moins de 1,500 âmes et plus de 20,000; et, sur les deux mille huit cent cinquante cantons, la population de deux mille six cent onze d'entre eux varie entre 5,000 et 20,000 âmes.

IV

On comprend parfaitement l'inégalité de la population entre les communes; on ne crée pas la commune, on l'accepte; mais on ne saurait admettre une inégalité aussi grande entre les cantons que le législateur a créés et dont il a tracé, de propos délibéré, les limites. Il ne faut pas poursuivre une égalité absolue qui, après tout, serait chimérique et peu utile; mais il serait nécessaire et facile de rectifier par une nouvelle distribution des communes ces inégalités grossières qui sont un obstacle sérieux à une bonne organisation administrative.

V

Lorsque l'on examine sous le même point de vue les tribunaux d'arrondissement et leurs circonscriptions on aboutit au même résultat. Ce travail ne serait ici qu'un détail inutile; du reste, il a été préparé par le gouvernement qui a fait naître lui-même les questions qu'on vient de traiter, et qui a préparé les armes propres à défendre la thèse que l'on soutient ici. On n'a pas oublié le projet de loi sur la réforme judiciaire présenté au Corps législatif, rejeté par ce dernier et depuis réalisé par décret. Ce projet de loi et le décret qui l'a remplacé contenaient en germe toute la discussion qui précède. Toutefois, qu'il soit permis de faire remarquer que ce décret, en prenant la réforme par le sommet, c'est-à-dire par les cours et les tribunaux, a mal procédé, c'était par la base qu'il fallait la tenter : or, la base dans l'administration judiciaire, c'est la justice de paix, c'est là son unité administrative.

VI

Une fois la circonscription cantonale revue et logiquement déterminée, et le nombre des justices de paix fixé, il devient simple et facile de grouper un certain nombre de ces tribunaux inférieurs autour d'un tribunal désigné, en prenant en considération la triple base de la population, de l'étendue du territoire et du nombre des affaires contentieuses.

La même base indique la réforme à faire dans les tribunaux de première instance ; on est amené ainsi à secouer le joug de la malencontreuse division par arrondissement, et à cette conséquence de réduire le nombre des tribunaux et non, comme on l'a fait, le nombre des juges. En agissant de la sorte on eût évité un péril bien connu des hommes qui ont l'expérience des matières judiciaires. Par la réduction du nombre des juges qui le constituent, on affaiblit moralement un tribunal. Qu'on interroge ces magistrats qui sont l'autorité et l'honneur de la magistrature ; qu'on leur demande ce que deviennent dans un tribunal ainsi réduit, la règle, la discipline, la science même? L'autorité de la justice est en raison du nombre des juges qui la rendent. Il faut avant tout éviter ces tribunaux de village où la justice dépouille toute dignité. Bon gré, mal gré, où vous placez un tribunal vous êtes obligé d'avoir un cortége d'officiers ministériels auxquels vous devez reconnaître l'obligation de vivre. Pouvez-vous dès lors les blâmer d'être animés de l'esprit de leur état, et de vouloir terminer tous les différends selon les règles de la procédure? Dans un tribunal d'un ordre inférieur vous ne rencontrez qu'en bien petit nombre ces avocats, dignes de ce nom, pour lesquels le désintéressement et l'indépendance sont des qualités vulgaires commandées par le respect de leur corporation; vous avez des hommes d'affaires, et de quelle capacité et de quel ordre! Or, qui ne sait que la moralité s'en va avec la capacité et avec l'élévation de la position; c'est l'éternelle vérité, *noblesse oblige.*

Mais le moment est venu de tirer les conséquences des développements qui précèdent.

Ces conséquences, les voici :

VII

Quel est l'esprit qui n'est pas frappé d'une division faite de telle façon, que, là un homme exerce sa juridiction sur trente-trois communes, sur une étendue de territoire de plus de 25,000 hectares et sur plus de 16,000 âmes, tandis qu'à côté de lui un fonctionnaire du même ordre, portant le même titre et investi des mêmes prérogatives, exercera la même juridiction sur onze communes, 17,000 hectares et 3,260 habitants : en un mot, et si nous considérons l'ensemble de la France, ici nous voyons un juge de paix ayant

moins de quinze cents justiciables, et là un autre
juge de paix en comptant plus de vingt mille!

Si cet état de chose est vicieux, et qui pourrait soutenir le contraire, il doit être changé :
or l'expérience, une vue exacte de ce qui est, la
connaissance des besoins réels indiquent le remède; ce remède est à la fois dans le remaniement de la division cantonale et dans la réduction du nombre des justices de paix.

Raisonnant en thèse générale et sans matériaux
sous la main il serait peu convenable de prétendre
déterminer le nombre des justices de paix pour
tout l'empire; mais y aurait-il quelque témérité à
dire que ce nombre, qui aujourd'hui s'élève à
deux mille huit cent cinquante, pourrait être facilement ramené au dessous de deux mille. La
France comprenant une superficie de 53,027,894 h.
divisée en trente-six mille huit cent vingt-
neuf communes et renfermant 36,039,364 habitants, il s'ensuivrait que, dans ce système, chaque
justice de paix ou plutôt chaque division cantonale renfermerait en moyenne vingt communes
et 20,000 âmes, et une étendue approximative
de 25,000 hectares. Ces chiffres n'ont rien d'absolu, ils varieraient nécessairement selon la nature du sol et la densité de la population.

VII

Aujourd'hui une réforme est reconnue nécessaire, mais, comme toutes les réformes, elle ne peut être opérée d'une manière utile et équitable qu'autant qu'elle reposera sur une base forte, qu'elle procédera en ligne droite, et qu'elle se dégagera complétement de ces entraves qu'élèvent ici un faux principe, là un usage auquel on donne une importance qu'il n'a pas. Tous les hommes qui ont quelque expérience des questions judiciaires ont constaté la nécessité de réformer les tribunaux inférieurs ; mais comment atteindre ce but ? Deux moyens se présentent : l'un consiste dans la réduction du nombre des juges auprès de certains tribunaux, l'autre dans la suppression de quelques tribunaux qui n'ont pas plus d'importance que ces tribunaux de districts que le pouvoir consulaire n'a pas hésité à renverser. Le premier de ces moyens a été employé, il n'a conduit qu'à un affaiblissement moral de la magistrature ; il faudra donc, dans un temps rapproché, avoir recours au premier.

Mais c'est alors que se dresse devant les novateurs un obstacle dont l'importance n'est pas sérieuse, mais qui semble redoutable à quelques esprits ; supprimer des tribunaux d'arrondissement, c'est, répétera-t-on, porter atteinte à l'édifice de la magistrature française. Le tribunal de première instance est l'unité dans l'administration judiciaire ; cette administration repose sur le principe d'un tribunal par arrondissement ; comprend-on un chef-lieu d'arrondissement sans son tribunal et sans son sous-préfet?

Je ne veux pas faire un retour sur ce que j'ai dit plus haut au sujet de l'arrondissement et de la sous-préfecture. Les considérations que j'ai développées contre cette malheureuse conception de l'arrondissement sont présentes à l'esprit du lecteur ; j'ai démontré que l'arrondissement, resté jusqu'ici sans valeur, n'était pas susceptible d'en recevoir une, j'ai conclu à sa suppression. Or, l'arrondissement supprimé comme division du territoire, la sous-préfecture suivant le sort de l'arrondissement, l'objection tirée de l'unité de l'administration française disparaît. Mais cette objection repose elle-même sur une erreur, car la véritable unité administrative, en matière judiciaire, c'est la justice de paix et le canton, et non le tribunal de première instance et l'arrondissement.

Cette base du canton adoptée, une réforme féconde et vraiment digne de ce nom s'opérera sans secousse, car elle ne blessera aucun droit acquis. Il faut voir les choses telles qu'elles sont et non à travers les prétentions de petites villes et les préjugés de localités. Combien de chefs-lieux d'arrondissement n'ont, sous aucun rapport, l'importance du bourg, simple chef-lieu de canton ; combien de choses n'ont pas leur raison d'être !

En supprimant l'arrondissement on ne supprime aucun service public utile ; les justices de paix se grouperont naturellement autour des villes les plus importantes des départements qui conserveront dans leur sein leur tribunal, leur commandant de gendarmerie, les divers fonctionnaires qui y sont aujourd'hui établis. Seulement, de même qu'à une autre époque, les justices de paix de six mille ont été ramenées à deux mille huit cent cinquante, et les tribunaux de première instance de six cents environ à trois cent soixante et un ; aujourd'hui, par suite des besoins modifiés ou mieux constatés, le nombre des justices de paix pourra être réduit à près de deux mille, et celui des tribunaux de première instance à trois cents. Est-il nécessaire de répéter, à propos de ces chiffres, qu'ils n'ont de valeur qu'à titre d'indication.

Répondrai-je de nouveau à une objection souvent reproduite, déjà réfutée, et tirée de la nécessité de mettre la justice à la portée du justiciable ?

Certes, ce principe est sage, mais dans le système de réforme qu'on propose, le justiciable sera plus favorablement traité et ses droits plus respectés que dans l'organisation judiciaire de l'an VIII. Ce qui a été dit plus haut à propos de l'administration civile, s'applique également à l'administration de la justice. En effet, les résultats d'un demi-siècle d'efforts et de perfectionnements se font sentir maintenant. L'État a augmenté et perfectionné ses grandes routes ; chaque département a été doté de ses voies de communication particulières, sa vicinalité communale se développe et s'améliore chaque jour ; enfin, la vapeur a abrégé les distances, l'électricité les a supprimées. Pour combattre le projet de la réduction des justices de paix et des tribunaux de première instance, on ne peut donc plus invoquer le principe sage, du reste, de la nécessité de mettre la justice à la portée de celui qui la réclame.

Je m'arrête dans cette excursion sur le terrain de l'administration de la justice ; on comprendra bientôt les motifs qui m'ont engagé à la tenter : je reviens à mon sujet.

CHAPITRE III.

___

De l'administration civile.

I

Le personnel de l'administration civile, pour les départements, c'est-à-dire les préfets, les sous-préfets, les secrétaires généraux et les conseillers de préfecture, comprend près de sept cents fonctionnaires.

La somme inscrite au budget de 1859 pour les frais de cette partie de l'administration est relativement limitée.

Les sous-préfets avec leurs bureaux prélèvent sur cette allocation une part importante.

Je ne parle pas des indemnités de logement et de mobilier, dépenses à la charge des départements.

Tel est le dernier état de choses; il me reste à rechercher les modifications qu'il conviendrait d'y apporter.

II

J'ai indiqué dans la suite de ce travail les changements à faire dans la forme de notre administration; je ne dois donc désormais m'attacher qu'à l'organisation du personnel, et à signaler les dépenses que cette organisation pourrait entraîner.

Dans le système que je propose il y aurait à créer :

Les agents cantonaux;

Quelques conseillers de préfecture;

Un petit nombre de préfets;

Des intendants ou gouverneurs de province.

Enfin il y aurait lieu de pourvoir à quelques hauts emplois nouveaux dans les administrations de la guerre, de l'instruction publique et des ponts et chaussées, afin de conserver à ces divers services leur égalité de rang.

Je ne m'occuperai pas de ces derniers ordres de fonctionnaires ; leur nombre sera trop limité pour être de nature à modifier essentiellement les conditions du personnel actuel de l'administration. Il en est autrement des agents cantonaux, création nouvelle, et qui appellera un grand nombre de citoyens à participer aux fonctions publiques.

III

La pensée du lecteur a devancé la mienne; il
a compris dans quel but je réclamais une réorganisation du canton au point de vue de l'administration de la justice. J'ai exprimé cette opinion que
le nombre des juges de paix devrait être réduit à
deux mille environ à raison de un par canton; cette
base devra être adoptée dans l'organisation de l'administration cantonale. Cependant il ne faudra pas
deux mille agents cantonaux : en effet, 1° dans
les villes chefs-lieux de province et de préfecture, le gouverneur ou le préfet remplira les fonctions d'agent cantonal par application de ce principe aujourd'hui existant que le préfet remplit au
chef-lieu les fonctions de sous-préfet pour son arrondissement; 2° les villes aujourd'hui chefs-lieux
de départements comprennent toutes plusieurs
cantons : ainsi nos quatre-vingt-six chefs-lieux de
préfecture actuels sont divisés en deux cent huit
cantons; 3° enfin les villes qui pourront être éri-
gées en préfecture se trouveront nécessairement
dans le même cas; d'où il suit que sur les deux
mille cantons qui réclament des juges de paix, il
y en aura au moins deux cent vingt-cinq ou deux
cent cinquante qui n'auront pas besoin d'un agent
cantonal. Le nombre de ces derniers se trouvera

donc ramené à mille sept cent cinquante environ.

Au point de vue du personnel, il resterait donc à nommer mille sept cent cinquante administrateurs de cantons, un certain nombre de conseillers de préfecture, plusieurs préfets, vingt-cinq ou trente gouverneurs de province. Au point de vue financier il y aurait à pourvoir aux dépenses occasionnées par cet ensemble de service. Or dans quelles limites ou comment suffirait-on à ces exigences ?

IV

SOUS LE RAPPORT DU PERSONNEL.

Les préfets fourniront les gouverneurs de province, et les sous-préfets, les préfets pour les nouveaux chefs-lieux ; les administrateurs de canton et les conseillers de préfecture pourront être puisés parmi les sous-préfets restés sans emploi, les juges des tribunaux supprimés, les juges de paix qui auraient vu supprimer leur siége.

Ces diverses classes de fonctionnaires éprouvés pourraient fournir au moins mille à douze cents agents ; il resterait donc à chercher dans les rangs de la société française cinq ou six cents fonctionnaires nouveaux ; or, les conseils généraux, les conseils de canton, les conseils municipaux et les bureaux des préfectures seront toujours une pépinière féconde où le corps des nouveaux fonctionnaires se recruterait avec facilité et utilité pour l'État.

V

SOUS LE RAPPORT FINANCIER.

Il faut tenir en suspicion les partisans des économies de traitements; l'insuffisance des ressources assurées aux fonctionnaires n'a plus besoin d'être démontrée; aussi dans tout le cours de ce travail ai-je évité de prononcer le mot, si souvent mal compris, d'économie. Le problème que je me suis proposé de résoudre est celui-ci : réaliser un système qui, sans une augmentation sérieuse dans les dépenses, fournisse les éléments d'une administration perfectionnée destinée à augmenter la richesse du pays dans une mesure hors de toute proportion avec l'accroissement des frais que cette organisation nouvelle pourrait entraîner.

Pour arriver à ce résultat, la position faite aux gouverneurs ou intendants de province ne peut pas être trop considérable; le traitement attaché aux fonctions de préfet ne saurait en aucun cas être diminué; peut-être même devrait-il, pour plusieurs d'entre eux, être augmenté. La situation des conseillers de préfecture aurait besoin d'être relevée et rapprochée autant que possible de celle qui est faite aux conseillers des cours impériales; enfin la fonction d'administrateur cantonal devrait être rétribuée de telle sorte que l'accès en fût permis avec dignité à toutes les classes de la société, aux familles anciennes comme aux familles nouvelles. Il serait nécessaire que par sa seule élévation, ce traitement indiquât l'importance du nouvel agent et le degré de considération dont le gouvernement entend l'entourer. D'après ces données, le traitement de l'agent cantonal, qui varierait avec les classes, ne devrait pas être inférieur à celui des sous-préfets actuels, indépendamment des frais de bureaux et de l'indemnité de logement, cette dernière étant mise à la charge du canton.

VI

Que les hommes de peu d'expérience ne s'exagèrent pas le poids que les charges nouvelles, nées du remaniement de l'administration, feraient peser sur le budget. Ces charges seront sensiblement diminuées par les économies que l'ensemble des mesures que l'on propose permettra de réaliser. Ces économies porteront :

1° Sur la suppression des sous-préfectures et de leurs bureaux ;

2° Sur la suppression de près de mille justices de paix ;

3° Sur la suppression d'un certain nombre de tribunaux d'arrondissement ;

4° Sur la suppression des commissaires cantonaux ;

5° Enfin sur la répartition nouvelle que la réduction du nombre des cantons entraînerait infailliblement dans divers services et dans diverses fonctions.

Ces économies s'élèveraient ensemble à un chiffre considérable.

D'où il suit que la réorganisation de l'administration française sur des bases larges, quant au nombre des fonctionnaires et au chiffre des traitements, n'imposerait pas au budget une charge nouvelle.

Mon excursion dans le domaine de l'administration judiciaire est désormais justifiée ; tout se lie dans l'État, et la base de la réforme de l'administration civile est dans la réforme de l'organisation de la justice.

CHAPITRE IV.

I

Que dire de la province qui n'ait déjà été
dit dans le cours de cette étude? Faut-il donc
démontrer l'évidence, c'est-à-dire la facilité avec
laquelle sa reconstitution peut s'opérer? C'est dans
ce travail surtout que les idées de Mirabeau devront servir de règles ; et de même qu'il voulait
opérer la division en départements sans briser la
province, de même on devra s'attacher à reconstituer la province sans porter atteinte à l'unité
départementale. L'organisation cantonale permettra d'obtenir ce résultat, elle sera d'un grand
secours et préviendra les déchirements et les
luttes.

Je n'ai pas à entrer dans des détails semblables
à ceux que la nouvelle organisation cantonale né-

cessitait : les données nous sont fournies ici par
l'histoire, il suffira de s'efforcer, par des tempé-
raments intelligents et sages, de concilier les souvenirs du passé avec les intérêts modernes.

CHAPITRE V.

De quelques objections.

I

Voici venir le long cortége des objections ; quelle idée n'en a pas soulevée, surtout si cette idée formulée d'une manière nette se produit avec la prétention d'une application immédiate et facile ?

II

Certains esprits se prévaudront de la difficulté du recrutement d'un personnel nombreux, de celle plus grande de rémunérer les services rendus et de calmer les justes impatiences.

Il est vrai qu'en administration, toutes les difficultés ne naissent pas des besoins réels du pays, elles surgissent aussi trop souvent des erreurs et des faiblesses de notre nature. Un gouvernement est obligé de tout prévoir; il ne lui suffit pas d'assurer la rémunération des services rendus, il doit encore se préparer à donner satisfaction aux exigences d'une ambition toujours légitime aux yeux du fonctionnaire qu'elle tourmente.

Une classification des cantons selon le degré de leur importance fournira un premier moyen d'avancement pour les agents cantonaux ; le principe d'avancement sur place pourrait encore être admis en leur faveur; enfin des carrières diverses resteront ouvertes aux hommes qui auraient rendu des services ou fait preuve d'une capacité remarquable : telles seraient les positions de chefs de division dans les bureaux du gouverneur de la province, celles de conseillers de préfectures, de secrétaires généraux; certaines places de magistrature et de finances; enfin les plus hauts emplois administratifs seraient accessibles aux intelligences d'élite, les distinctions honorifiques seraient comme aujourd'hui à la portée de tous.

III

Une objection qui a un caractère plus sérieux
est celle qui est tirée de l'augmentation du nombre des préfectures.

Par suite de la suppression de l'arrondissement
vous êtes obligé, dira-t-on, d'augmenter le nombre
des préfectures, et vous courrez risque d'ébranler cette institution déjà consacrée par le temps
et surtout par le bien qu'elle a réalisé.

Cette objection, plus spécieuse que réelle, porte
avec elle sa réfutation. C'est précisément parce
que les résultats produits par le système des préfectures ont été heureux, qu'il s'agit de les généraliser. On comprend qu'il n'est pas possible à
un seul homme de faire sortir de la même institution des résultats identiques, quand sa sollicitude doit porter sur neuf cents communes ou se
concentrer seulement sur deux cents. Du reste,
il n'est nullement question de porter atteinte à
la division préfectorale, ni d'un travail d'ensemble sur les circonscriptions existantes et consacrées ; il s'agit de réparer quelques erreurs qui
ont pu se glisser dans un travail trop rapidement
fait, et qui, depuis son origine, n'a été soumis à
aucune rectification sérieuse.

Au surplus, qu'on adopte ou qu'on rejette le

système de l'administration cantonale, des considérations d'ordres divers, mais également puissantes, réclament des modifications dans les circonscriptions de certaines préfectures. Quoi qu'il arrive et quoi qu'on fasse, désormais les conditions de l'administration sont complétement changées : on ne peut plus calculer l'étendue du domaine d'un administrateur par hectares de territoire, il faudra la mesurer à l'importance des intérêts matériels ou moraux au milieu desquels il se trouve placé; la mission d'influence personnelle qu'il doit remplir est sans bornes. Si l'on veut remonter à la cause de ce changement dans les conditions administratives de notre pays, on la trouvera à la fois dans la multiplicité et la variété infinie des intérêts et des affaires, dans l'élévation du niveau social qui appelle un plus grand nombre d'hommes à entrer en rapport personnel avec le préfet, enfin dans cette circonstance heureuse ou fatale de l'immixtion directe du gouvernement dans beaucoup de choses.

Au milieu de cet immense mouvement d'affaires et d'idées, la circonscription des préfectures n'a pas été modifiée; est-il donc imprudent d'appeler des améliorations signalées par la nature des choses. De vieilles villes qu'on a déclaré déchues en 1789 ont survécu; des bourgs qui semblaient ne pas exister alors se sont fait une large place; ici c'est Brest et Rochefort avec leur population pressée, dont le progrès ne s'est pas ralenti, qui ont pris l'activité et la puissance, ne laissant à leur chef-lieu que la solitude et la faiblesse. Là, c'est une cité historique jetée dans un abandon dédaigneux et dont l'oubli n'a pu effacer le souvenir. Elle a vécu de sa propre vie, elle a triomphé de l'indifférence administrative comme des ravages du temps. Elle s'est perpétuée par le foyer littéraire qu'elle entretient avec fidélité dans son sein ; elle tend chaque jour à s'élever au niveau des cités les plus favorisées par le mouvement industriel qui fermente autour d'elle. La ville d'Autun, la cité éduenne, comme Brest, Rochefort et plusieurs autres, ne peut rester longtemps dans la situation inférieure dans laquelle elle a été reléguée.

IV

Enfin, quelques esprits plus chagrins qu'intelligents contesteront la nécessité d'ajouter à l'importance des fonctions de conseillers de préfecture, et, par conséquent, la nécessité de mettre leur traitement en rapport avec la position plus élevée qui leur serait faite.

On ne peut s'en prendre à cet égard qu'au développement inattendu de l'administration. Il

n'a été donné à personne de prévoir le degré
d'utilité réservé au modeste conseil de préfecture, et ce ne sera pas une des circonstances
les moins caractéristiques de notre époque, que
cette marche inverse des choses qui conduit à
proposer à la fois et la suppression d'un certain
nombre de tribunaux civils et la création d'un
certain nombre de tribunaux administratifs.

V

L'organisation provinciale soulève à son tour
une objection grave : ne doit-on pas redouter
l'absorption du département par la province, et de
la ville chef-lieu de département par la ville
chef-lieu ou capitale de la province?

Cette crainte est légitime, mais elle n'est pas
fondée : si la reconstitution de la province devait
entraîner la ruine de la division départementale,
il y aurait lieu de réfléchir mûrement avant d'entrer dans la voie qu'on vient d'ouvrir. Heureuse-
ment il n'en est rien, les appréhensions qu'on
pourrait avoir sont vaines, et loin de jeter aucune
perturbation dans l'ordre de choses actuel, la
réorganisation provinciale ne pourra que fortifier
et consolider l'œuvre principale de l'Assemblée
constituante.

Et d'abord il faut reconnaître que le chef-lieu

de département conservera l'ensemble très-complet des services administratifs qu'il possède aujourd'hui ; il aura toujours :

Son préfet et son conseil de préfecture;

Le général commandant la subdivision;

L'ingénieur en chef des ponts et chaussées;

Le receveur général des finances ;

Les directeurs des contributions directes et indirectes et de l'enregistrement et des domaines ;

Un tribunal de **première instance** ;

Un tribunal de **commerce,** etc.

Sa place dans la hiérarchie administrative ne sera donc en aucune façon amoindrie. Au surplus, il suffit de jeter un regard sur la situation actuelle des divers départements pour rester convaincu de la justesse de ce raisonnement.

L'Assemblée constituante a divisé la France en départements ; elle a doté chaque département d'un chef-lieu. Dans la pensée et dans la volonté de l'Assemblée constituante ces chefs-lieux devaient être tous égaux, en situation, en influence, en autorité. Or, qu'est-il arrivé ? C'est que le Consulat, par cette force des choses dont il faut sans cesse invoquer la loi, a rompu bientôt cette égalité : il l'a rompue à l'occasion de l'organisation judiciaire, de l'administration de la guerre, de la fondation de l'université et du régime forestier : tel département a été désigné par lui pour recevoir la

Cour d'appel, pour devenir le centre d'une division
militaire, le siége d'une académie, d'une conservation forestière. Et, faut-il le dire, les villes qui
ont reçu ces grandes institutions qui devaient tant
ajouter à leur autorité, à leur éclat, à leur prospérité matérielle, étaient-ce ces villes nouvelles, im-
provisées chefs-lieux de département par l'Assemblée constituante? En aucune façon ; c'étaient pour
la plupart d'anciennes villes parlementaires, capitales des provinces récemment détruites. Qu'est-il
résulté de là ? c'est que le niveau promené sur
toute la France par l'Assemblée constituante n'a
pas produit les résultats que cette assemblée souveraine en attendait; c'est que les villes considérables d'autrefois sont encore les villes considérables d'aujourd'hui.

Or, s'il est vrai, comme on l'a démontré,
que la division provinciale n'est pas aussi en
dehors de nos habitudes modernes qu'on pourrait le supposer, de même nous serons fondé
à dire ici que la reconstitution de la province
ne jettera pas le trouble dans la division départementale, et ne soulèvera entre les chefs-lieux
de département ni jalousie, ni haine, ni révolutions dangereuses. Il y a plus, mais ce travail de
désignation des cités, siége du gouvernement
de la province, est déjà fait ; ne subsiste-t-il pas
dans la classification des départements? Que sera-
ce que la province relativement aux départements

dont elle deviendra le chef-lieu, sinon une préfecture de première classe? Que les esprits timides ne s'alarment donc pas avant examen. La réflexion, qu'on en soit sûr, éclairera bien des points obscurs, fixera les incertitudes, dissipera bien des nuages.

Non-seulement les départements dans leur forme actuelle ne perdront rien à la reconstitution de la province, mais ils gagneront à l'adoption du système de l'administration cantonale. En effet, le chef-lieu du département verra arriver à lui tous les administrateurs du canton, et par eux se concentrer directement dans son sein les rameaux et les liens d'une administration qui étaient divisés entre tous les arrondissements.

Concluons donc que la province, placée entre l'État et le département, ne détruira pas plus l'existence isolée de l'un que l'unité de l'autre, et que le chef-lieu de département actuel, que son importance médiocre ou sa situation ne permettra pas de désigner pour être le centre de la province, ne se verra pas déchoir. Aujourd'hui la ville chef-lieu de département est à la capitale de la France ce que le bourg chef-lieu de canton est au chef-lieu de département. Dans la division provinciale, le chef-lieu de département sera plus rapproché de la capitale de la province, qui étendra sur lui sa protection, et sera intéressée à prendre souci de sa prospérité et de sa grandeur.

CHAPITRE VI.

Considérations générales

I

Le point important dans le remaniement de la division du territoire d'un vaste empire, c'est de ne pas toucher aux droits acquis, aux coutumes, à l'histoire, en un mot à ce qui constitue la vie des cités les plus orgueilleuses, comme des communes les plus modestes. Pour arriver à ce résultat, il faut se garder de briser les principales circonscriptions actuelles ; il faut les conserver : seulement en les conservant il faut les encadrer dans une division nouvelle.

Tel sera le caractère du rétablissement de la province ; on réorganisera sans détruire ; on reconstituera une unité ancienne sans porter atteinte, dans ses grandes divisions, à la moderne unité départementale.

Il en sera de même pour le département. Nous

respecterons le département, mais ce respect em-
pêchera-t-il toute innovation, toute amélioration
nécessaires? en aucune façon. Le département est
plus au chef-lieu qu'on ne pense : or, qu'importe
à la ville chef-lieu que tel ou tel canton appar-
tienne au département dont elle est la tête ou à
tel autre département? Cette indifférence qui est
dans la nature des choses, cette absence d'intérêt
permet d'augmenter dans une mesure très-limi-
tée le nombre des circonscriptions départementales, tout en évitant de froisser et les droits
acquis et les susceptibilitéslocales.

Le canton offrira, toutes proportions gardées,
ce que nous avons vu au département ou à la
province. A moins d'intérêts spéciaux et respectables, il est peu important pour une commune d'appartenir à tel ou tel canton : il y a
plus, il se rencontrera très-souvent que la mesure
qu'on propose donnera satisfaction à des réclamations anciennes et fondées. Il sera donc facile de
réduire le nombre des cantons sans soulever des
plaintes sérieuses, sans blesser des intérêts légitimes et véritables.

De même que la province peut envelopper
plusieurs départements sans absorber leur indi-
vidualité ; de même que le département n'est pas
blessé de voir tels de ses cantons passer dans le
département voisin ; de même que la commune
n'est pas froissée de passer d'un canton dans un

autre ; de même il importera peu à un canton de ressortir à un tribunal ou à un autre. Ce dernier changement sera d'autant moins pénible que, dans l'organisation actuelle de l'arrondissement, et c'est là une des circonstances sur lesquelles notre critique a porté, il n'y a aucun point de contact, aucune relation ni industrielle, ni commerciale, ni administrative entre un canton et un autre canton.

Si on mettait en doute la justesse de ces considérations, que l'on descende plus avant dans la question, l'on se convaincra que ce qui rend dans la révision de la circonscription du canton tout froissement impossible, c'est que la division cantonale a été trop souvent et trop profondément remaniée pour qu'elle ait jamais revêtu un caractère définitif ; c'est qu'elle a été faite d'une manière trop arbitraire pour donner naissance à des habitudes particulières, à des mœurs cantonales rappelant celles de la commune ; c'est surtout parce que le canton n'a jamais eu de vie propre, n'ayant pas été jusqu'ici une personne morale. La vérité et la force de ces raisons sont démontrées par ce rapprochement que dans tous les temps les questions relatives à la circonscription des communes ont été brûlantes et ont constitué de véritables difficultés administratives, tandis que toutes les modifications dans la circonscription du canton passent inaperçues.

Soit donc que l'on groupe plusieurs départements sous le nom d'une province, soit qu'on disjoigne du département quelques communes, soit qu'on groupe les cantons ainsi rectifiés autour d'un tribunal désigné, on ne jettera aucun trouble au sein de la société. Il est vrai de dire qu'un remaniement complet de la division administrative du territoire de la France peut avoir lieu sans briser aucun lien.

II

Et ce résultat est la conséquence du respect du double principe posé au début de cette étude : *ne blesser aucun droit acquis, respecter les choses et les personnes.*

Deux mille fonctions nouvelles sont créées ;

Une noble carrière est ouverte aux membres des conseils électifs qui révéleront une aptitude administrative ;

La magistrature reçoit une base plus large en reposant sur l'unité cantonale ; elle puise une puissance plus grande dans un retour à l'esprit des compagnies ;

Enfin, par la création de la province, on élève le niveau d'un grand nombre de fonctionnaires de tous les ordres dans la hiérarchie administrative;

Voilà pour les personnes.

La commune est fortifiée;

Le canton, qui n'était rien comme division administrative, reçoit le caractère qu'il cherchait vainement depuis soixante années;

Le département est respecté, et son principe trouve une nouvelle consécration dans l'augmentation du nombre des divisions départementales et dans la rectification dans la circonscription de quelques-unes d'entre elles ;

Voilà pour les choses.

Que sont à côté de ces avantages les inconvénients qui résulteront pour quelques villages de la perte du titre de chef-lieu de canton, et pour quelques petites villes de la perte de leur sous-préfecture?

III

Quand on considère les choses dans leur ensemble, et quand on s'attache à n'en saisir que les points principaux, les grandes lignes, on s'aperçoit que toutes ces réformes qui paraissent compliquées et difficiles se ramènent à une mesure d'une exécution simple et facile, à une bonne et équitable division cantonale. Une fois cette base posée, l'édifice s'élève rapidement et sans effort. Mais, dira-t-on, comment supposer qu'un aussi grand changement puisse se faire sans une transition pénible, sans un désordre momentané? On restera convaincu de cette possibilité, si on réfléchit que ce changement est plus moral que matériel, qu'il ne choque point de droits acquis, qu'il ne renverse point d'existences; en un mot, qu'il ne fait point de ruines, et qu'il est appelé à se manifester, surtout dans ses résultats.

IV

Lorsqu'en pleine paix civile, dans un ordre de choses réglé et fonctionnant régulièrement, on entreprend d'apporter une modification radicale dans l'administration, il y a deux points importants à considérer : le premier, c'est ce qui touche aux personnes, aux intérêts privés des familles ; le second, c'est ce qui touche aux habitudes, aux mœurs, à ce qu'on peut appeler les intérêts privés de la grande famille nationale.

Or, dans les changements proposés, si violents qu'ils soient en apparence, si profonds qu'ils soient dans la réalité, ces deux écueils sont évités.

On évite le premier par une distribution plus avantageuse des emplois publics, par l'importance donnée aux fonctions administratives supérieures, et, par conséquent, par la considération dont elles sont entourées.

On doit d'éviter le second à cette heureuse constitution de la société française, qui, depuis saint Louis, semble n'avoir reconnu d'autre base que la commune. Deux choses sont, en effet, dans le sang de la France, l'une ancienne, l'autre moderne : le respect de la commune et le besoin du canton. Hâtons-nous de faire remarquer que ce respect et ce besoin reposent sur le même principe, émanent du même sentiment, la nécessité de la protection individuelle par l'autorité judiciaire. Il y a dix siècles, le paysan trouvait cette garantie à l'ombre de son église; aujourd'hui, avec le développement de la civilisation, le cercle des besoins et des intérêts s'étant élargi, il va la chercher chez son maire, au foyer de la commune, et chez son juge de paix, au centre du canton. Cet attachement du peuple des campagnes pour le canton est le plus grand hommage qui puisse être rendu à l'idée de la justice.

Or, ce qu'il fallait ménager avant tout, c'était ces deux foyers d'intérêts, ces mœurs anciennes et nouvelles et également fortes. On s'est attaché à les respecter; puisse-t-on y être parvenu, d'une part, en fortifiant le respect dû à la commune, d'un autre côté, en développant l'esprit cantonal par un groupement plus rationnel des communes autour de leur centre, le chef-lieu de canton!

CHAPITRE VII.

Du choix des fonctionnaires de l'ordre administratif.

I

On a mis pour épigraphe à cette étude cette pensée de Mirabeau :

« Sans l'administration, l'autorité royale ne serait qu'un fantôme. Administrer, c'est gouverner; gouverner, c'est régner... »

Si cette pensée est juste, et elle est plus juste aujourd'hui que quand elle a été formulée pour la première fois, la tâche imposée au chef d'un empire est immense; il ne peut espérer de la remplir qu'à l'aide de fonctionnaires auxquels il délègue ses pouvoirs et qui deviennent ses interprètes auprès des populations.

Quelle loi devra présider au choix de ces fonctionnaires investis d'une autorité aussi haute et portant le poids d'une responsabilité aussi redoutable ?

Grave sujet que l'on n'entreprendra pas d'approfondir.

Le choix des agents supérieurs de l'administration est entouré de cette garantie sérieuse qui résulte de l'observation directe et personnelle du souverain.

Il en est autrement des agents secondaires qui échappent par la force des choses à son observation et à son contrôle. Cependant un bon choix est ici nécessaire. Sans entreprendre d'énumérer les qualités qu'on devra rechercher chez les administrateurs de cet ordre, on se bornera à dire qu'il faut éviter avec le plus grand soin d'ouvrir les rangs inférieurs de l'administration à ces esprits plus inquiets qu'actifs et plus satisfaits d'eux-mêmes qu'éclairés, qui prennent le cynisme pour l'habileté.

ÉTUDE DEUXIÈME.

____

DE LA CENTRALISATION.

C'est ainsi que la nation cessera d'être
une poussière comprimée par le pouvoir,
et dispersée au gré des tempêtes dont il
est agité.

M. DE BARANTE.

Des communes et de l'administration.

DE LA CENTRALISATION.

LIVRE PREMIER.

CHAPITRE PREMIER.

Pourquoi j'ai intitulé cette étude : DE LA CENTRALISATION.

I

L'administration et la paix sont la double source de la prospérité des empires. Jamais cette vérité n'est apparue avec une évidence aussi irrésistible que de notre temps. Il a suffi d'un quart de siècle à la France épuisée pour refaire son sang et ses trésors, et avec ce sang et ces trésors conquérir l'Algérie, créer ses chemins de fer et éblouir le monde des grandes lueurs de Sévastopol et de Solferino.

Ces résultats, fruits de notre administration, doivent appeler l'attention sur le système qui les a produits, et faire hésiter sur la valeur des théories qu'on élève contre ce système. Il y a des mots dont le sens est mal défini, qu'on ne cesse de répéter sans les bien comprendre, et des idées encore à l'état d'études, auxquelles on voudrait, sans transition et sans épreuve, confier les destinées de la France.

On remarquera que ce livre est intitulé : *De la centralisation*. Ce n'est pas que je repousse toute entreprise de décentralisation raisonnable ; mais j'ai entendu par là témoigner de mon respect pour le passé, et protester contre le sens que beaucoup d'écrivains donnent à ce mot redoutable, la *décentralisation*.

II

« Dans les sociétés démocratiques, la centralisation sera toujours d'autant plus grande que le souverain sera moins aristocratique ; voilà la règle. » Cette règle a été formulée par M. de Tocqueville dans son livre sur la *Démocratie américaine*. Louis XVI, créateur des assemblées provinciales, est la justification du principe de M. de Tocqueville.

La décentralisation la plus absolue dans son principe, la plus étendue dans ses résultats, est celle qui fut offerte à la France dans la constitution des assemblées provinciales. Dans cette organisation l'unité se trouvait établie par la liberté. La France impatiente a repoussé le don qui lui était fait; elle y a répondu par une révolution, qui, à son tour, a réalisé l'unité par la centralisation. Je passe sur les événements politiques, qui ne sont pas de mon domaine: historien de l'administration de mon pays, j'affirme que plus jamais la France ne jouira de la décentralisation de Louis XVI. D'une part, ce prince lui-même, jugeant exclusivement les faits et les hommes à travers son honnèteté, tirait peut-être des conséquences trop droites du principe qu'il posait; d'un autre côté, ce qu'un souverain descendant en ligne directe de saint Louis et placé dans un système politique qui n'avait pas encore été altéré par les révolutions, avait pu oser avec confiance, nul ne pourrait le tenter aujourd'hui sans péril pour l'ordre social. En fait de liberté, la légitimité permet beaucoup; la nouveauté ne peut s'appuyer que sur la force.

III

Que la France renonce donc à la décentralisation réalisée par les assemblées provinciales : on ne remonte pas le cours du temps; il y a dans l'histoire des heures que les nations ne retrouvent pas. La liberté n'est qu'une valeur morale; or, quand ces sortes de valeurs sont gaspillées, il faut un long temps pour les refaire : elles ne sortent pas comme l'or des entrailles de la terre, et il ne suffit pas d'un creuset et d'un fourneau pour les dégager de la gangue qui les renferme.

IV

Le fait des révolutions est de donner beaucoup à faire aux hommes, peu aux principes : c'est la conséquence naturelle de la dispersion des traditions. Le législateur fait les lois, le temps seul crée les traditions. La liberté ne peut être que fille du temps, car elle n'a pour point d'appui que la tradition : où cette tradition fait défaut, la main du pouvoir doit la remplacer.

CHAPITRE II.

—

I

Dans un livre intitulé *la Centralisation*, M. Dupont-White s'exprime ainsi :

« Mais pour bien juger la centralisation, pour y distinguer ce qui la constitue et ce qui s'y mêle, il faut la voir à l'œuvre et la suivre pas à pas dans une affaire déterminée.

» Il s'agit, je suppose, d'établir un abattoir. La ville qui a le projet n'en a pas les fonds : il faut qu'elle emprunte, sauf à se couvrir par un péage sur la boucherie ; elle n'en a pas le terrain : il faut qu'elle exproprie. En outre cette ville est cernée de tous côtés par une forêt, et cette forêt appartient à la liste civile, autant de circonstances, autant de complications qui font de cette affaire un échantillon administratif très-satisfaisant. Atelier insalubre, expropriation, emprunt, tarif d'abatage qui se résout en impôt de consommation, liste civile, administration forestière, influences diverses, rien n'y manque de ce qui peut hérisser et prolonger une affaire. Tous les pouvoirs vont y concourir, législatif, exécutif, réglementaire, judiciaire.

» Cette affaire a duré douze ans.

» En 1846, le conseil municipal adopte un projet d'abattoir qui est soumis au ministre de l'intérieur; refus ministériel d'approuver ce projet, à raison de ce qu'il avait pour base un emprunt à des conditions *trop onéreuses*. Cela se passait en 1848.

» En 1850 le conseil municipal maintient son projet primitif, et le soumet de nouveau à l'autorité supérieure. Celle-ci, quatre ans après, déclare qu'elle approuvera le projet moyennant une réduction qu'elle indique du tarif d'abatage. La commune paraît se rendre à ces critiques, et pendant les années 1855 et 1856, l'affaire se poursuit, à travers quelques incidents il est vrai. Ainsi l'administration de la liste civile s'oppose à ce que l'abattoir soit établi près de la grille du parc qui entoure une de ses résidences. Elle offre un autre emplacement dans sa forêt qui est accepté. Il s'agit dès lors d'expropriation. On nomme un commissaire enquêteur; on nomme un expert ; on ouvre une enquête à la mairie, toutes choses préalables à la déclaration d'utilité publique.

» Mais tandis que la commune se livrait à ces exercices, elle faisait, je suppose, force démarches et instances dans les bureaux pour en obtenir un tarif supérieur à celui qu'ils avaient indiqué d'abord. Le fait est que nous trouvons à la date de février 1857 une dépêche ministérielle qui., tout en modifiant la réduction de tarif imposée, n'accorde pas tout le tarif demandé en premier lieu par la commune.

» La commune acquiesce, et l'affaire est portée dans ces termes au conseil d'État, qu'il fallait consulter à plus d'un titre, puisqu'il s'agissait et d'un établissement insalubre, et d'une loi pour autoriser l'emprunt qui devait en fournir les fonds. Le conseil d'État émet un avis défavorable; plus sévère que les bureaux, il trouve trop élevé, eu égard aux antécédents et aux analogies, le tarif qu'ils avaient admis : et de plus, il paraît soupçonner, vu le petit nombre des bestiaux abattus annuellement, que la construction est trop considérable ; il décide qu'il y a lieu de chercher une combinaison où les tarifs réduits suffiraient à défrayer les dépenses de construction, également réduites.

» Le ministre, chose assez insolite , ne tient compte de cet avis ; seulement il fait une loi à la commune de reviser son tarif au bout de six ans. Tels sont les termes de l'autorisation accordée enfin en mars 1858. Nous voyons, dès le com-

mencement d'avril, la commune ouvrir une enquête au sujet de l'expropriation du terrain qu'elle
devait occuper. Il faut remarquer que cette enquête ressemble fort à celle dont il a été question
plus haut pour obtenir la déclaration d'utilité publique relative à l'expropriation de ce même terrain. Ce n'est pas tout : le conseil municipal,
convoqué extraordinairement avec l'autorisation
du sous-préfet, émet le 3 mai un avis très-favorable à cette expropriation. Encore une redite,
car le conseil s'était déjà prononcé à cet égard
dans sa délibération du 22 décembre 1856.

» Cet avis est soumis au préfet, qui prend en
conséquence un arrêté de désignation du terrain,
et cet arrêté lui-même est soumis à l'approbation
du ministre. Ces façons durent un mois ; puis, à
la date du 4 juin, la commune prend une délibération pour fixer l'indemnité du terrain qu'elle
acquiert. Cette délibération est encore soumise
à l'approbation du préfet. Cela fait, l'administration de la liste civile accepte le chiffre de
l'indemnité, et le jugement d'expropriation est
rendu.

» Il faut croire que la commune s'était plaint
des lenteurs suscitées par l'administration de la
liste civile ; à quoi celle-ci répond, dans sa lettre
du 10 juin 1858, que les lenteurs sont du fait de
la commune. *Dès le 1ᵉʳ juillet* 1856, dit un de ses
fonctionnaires, *j'engageai la liste civile à faire rendre*

le jugement d'expropriation qui n'a été prononcé que le 4 juin 1858.

» Nous ne sommes pas au bout. Il reste à prendre possession, et ici paraissent des complications qui tiennent à la situation du terrain exproprié, dans une forêt d'abord , et ensuite dans une forêt qui dépend de la liste civile. —N'y a-t-il pas lieu de demander une autorisation spéciale aux termes du Code forestier, puisqu'il s'agit d'une construction dans une forêt? Non, répond la commune, puisque le décret qui autorise l'établissement en question l'autorise avec désignation expresse d'un terrain forestier.

» Mais au moins faudra-t-il, réplique la forêt, me réserver 1° le droit de visite et de perquisition à toute heure, pour rechercher les délits forestiers dans votre établissement; 2° le droit de procéder à cette visite sans l'assistance de l'officier civil, voulue par la loi.

» J'ajoute (ce n'est plus la forêt qui parle. c'est la liste civile) qu'il serait fâcheux que l'abattoir aboutît à la voie publique par le plus court chemin. J'y vois des inconvénients au point de vue pittoresque, et même pour la commodité du public, des promeneurs. Je ferai sur mon terrain, à mes frais, un chemin oblique que vous aurez seulement à entretenir.

» Le 28 juillet, le maire accepte ces conditions et se plaint des retards de l'administration, qui ont amené un procès entre la commune et l'adjudicataire (des travaux de l'abattoir). Nous voyons enfin un acte sous seing privé, entre la commune et l'administration de la liste civile, qui constate ces derniers arrangements, et qui termine tout à la date du 6 août 1858.

» L'abattoir, qui avait pris douze ans pour se faire autoriser, était construit un an après. »

Tous ces détails sont vrais, mais ils ne sont pas la vérité tout entière; le tableau a besoin d'être complété.

II

M. Dupont-White voit dans cette succession de mesures la garantie des droits les plus sacrés, le respect de la propriété publique et privée, et il a raison. Il se demande si l'on veut qu'un conseil municipal puisse, de sa seule autorité, obliger tel habitant à céder son immeuble, imposer à tel autre un voisinage immonde et malsain, grever l'avenir par des emprunts, mettre sur une industrie des taxes nouvelles, exposer le consommateur au renchérissement d'une denrée nécessaire? Il conclut, et avec un grand sens, qu'en tout cela la centralisation n'est pas de trop.

Mais les choses ne se passent pas toujours ainsi que le dit M. Dupont-White. Son histoire d'abattoir est l'exception. Bien des entreprises dans les communes sont hérissées de moins de difficultés, comportent moins de détails d'administration, et cependant exigent encore un plus grand nombre d'années !

Il s'agit de l'église du village : elle date de six siècles, elle menace ruine, il faut la reconstruire : elle sera reconstruite sur la place qu'elle décore et à laquelle elle a donné son nom, sur les fondements vénérés de l'ancienne, et en grande partie avec les matériaux que fournira la démolition.

La question, on le voit, est bien simple; il n'y a ici ni liste civile, ni intérêts forestiers, ni expropriation pour cause d'utilité publique, ni question de salubrité, ni taxes nouvelles à établir. Or, voici comment les choses se passent.

III

L'église, monument à la fois politique et religieux, archives publiques de la commune, archives privées des familles dont elle renferme l'histoire depuis le berceau jusqu'à la tombe; l'église, comme toutes les œuvres des hommes, va disparaître; elle a vieilli, bientôt elle ne sera qu'une ruine : elle doit être relevée; ainsi l'exigent la piété des uns, l'orgueil des autres, le culte de tous. La reconstruction de l'église, voilà le cri public; c'est la mission que la commune a confiée aux représentants qu'elle vient d'élire, le mandat impératif qu'elle leur a donné; de son côté, l'administration municipale sera fière d'attacher son nom à l'érection d'un monument. Le conseil s'assemble; on décide par acclamation la reconstruction de l'église. Que vous en semble? Cette église ainsi voulue, ainsi votée, sera bientôt construite.

Le vote consigné au procès-verbal, chacun se lève, joyeux, presque fier de l'acte énergique qu'il vient d'accomplir. On se dirige vers la caisse municipale pour faire l'inventaire des ressources de la commune. Or, la caisse ouverte, on s'aperçoit qu'elle est vide, ou pour employer une expression d'Omer Talon, qu'elle est *pleine de pauvreté!* Même sous le chaume, certaines émotions sont fortes; on y passe facilement de la joie à la tristesse, de la confiance à l'abattement; l'allégresse de tout à l'heure fait place à la réflexion, les visages deviennent graves, on se sépare en silence. Puis, comme en définitive, à la campagne les saisons commandent le travail, chacun retourne à son champ.

La session du conseil arrive à sa fin; une autre session vient après, plusieurs se succèdent : tous les conseillers pensent à l'église, pas un seul ne se hasarde à en parler. Le temps impitoyable continue ses ravages; l'église menaçait ruine, le danger augmente chaque jour; le chef du diocèse est obligé d'intervenir : par une mesure bien pénible pour l'évêque, bien rigoureuse pour les paroissiens, mais nécessaire, l'église est interdite; on n'y célèbre plus l'office divin. Des années entières s'écoulent dans cette situation.

Cependant le temps est pour les communes comme pour les individus; il marche toujours, si triste que soit une situation. La commune avait une ancienne dette contractée à l'occasion de la construction de la maison d'école; cette dette vient de s'éteindre. On se le dit au conseil; les visages reprennent leur sérénité; on sent qu'on va bientôt reparler d'une affaire grave que la nécessité avait tenue à l'écart. Enfin, la question de l'église reparaît dans l'ordre du jour. On s'occupe alors des voies et moyens. Les finances de la commune sont loin d'être prospères, mais elles sont dégagées, on ne doit plus rien; toutes les ressources, tous les efforts, l'avenir même, appartiendront désormais à l'église. Ces ressources quelles sont-elles? Quel est dans le budget l'excédant des recettes sur les dépenses? Les ressources sont nulles; c'est à grand'peine, et en ayant presque recours à l'art de grouper les chiffres, que le budget se solde en équilibre. N'accusons pas l'inexpérience de l'administration municipale : il en est du budget de bien des communes de 300 âmes comme du budget d'un vaste empire.

Cependant les esprits entrent en travail, chacun regarde autour de soi; la commune a des propriétés, mais des propriétés utiles, des propriétés d'avenir; on tient à les conserver et on a raison. On veut une église, mais on ne la veut pas aux dépens des bonnes traditions administratives. Toutefois, la commune possède quelques parcelles de terrain d'un rapport nul, et qu'on peut aliéner sans diminuer ses revenus ni sa fortune. On rencontre, disséminés sur le territoire, quelques rares pieds d'arbres qu'une ancienne administration, dans une sage prévoyance, avait plantés et qui ont grandi; la génération à qui on les doit a depuis longtemps disparu, et pourtant elle va apporter son tribut à l'église; enfin, on a recours à une imposition extraordinaire qui grèvera les contribuables pendant un grand nombre d'années. Tout cela groupé, additionné, supputé, est bien loin de faire la somme nécessaire; on atteint à peine le chiffre de 20,000 francs, il en faudrait près de 50,000! On a recours aux moyens extrêmes : une souscription est organisée, elle se couvre de signatures. Celui-ci fait son don en argent, cet autre offre des matériaux, un riche propriétaire fournira les bois; tel ouvrier pauvre, mais de bonne volonté, donne le travail de ses bras, il fera des corvées! C'est encore une somme évaluée à 10,000 francs qu'on obtient de la sorte. On n'hésite plus, l'église est votée; un architecte, homme de talent, recommandé par le préfet, dresse les plans et devis. Alors, orgueilleux des résultats obtenus, libre de soucis, le maire s'adresse au gouvernement; il sollicite et obtient de lui une subvention égale au tiers de la dépense totale.

Les années s'écoulent; le temps qui a détruit l'ancienne église se charge de l'édification de la nouvelle; les centimes se perçoivent avec régularité; la caisse municipale s'emplit lentement, mais enfin elle s'emplit; les ouvriers sont à l'œuvre...

IV

Cependant une grande fête se prépare dans la commune; l'évêque du diocèse s'y est rendu en grande pompe; il est entouré de toute la population qui se presse sur ses pas. Que se passe-t-il donc? On consacre l'église.

V

Au retour de la cérémonie, un vieillard visiblement ému se tourne du côté de l'église, et, s'adressant à ses fils, qui recueillent ses paroles avec respect : « Voilà notre église, dit-il; il

en était question du vivant de votre grand-père; il
m'en a parlé souvent. Le conseil municipal, dont
je fais partie, s'en occupe depuis vingt-cinq années. J'étais jeune lorsque, pour la première fois,
nous avons émis un vote relatif à l'église; aujourd'hui, je suis vieux, j'ai des cheveux blancs...
mémorable exemple des lenteurs administratives.
N'oubliez pas que vous devez votre église à notre
persévérance et à nos efforts. » Il ne parle pas de
la centralisation, parce que c'est un mot dont le
sens est abstrait, qu'on ne connaît pas au village
et qu'on comprendrait encore moins.

La recommandation ne sera pas perdue. Mais
ce qu'il y a de plus regrettable dans tout ceci,
c'est que des écrivains, des publicistes, des hommes ayant des prétentions à la gravité, partageront
les idées et les émotions du vieux conseiller municipal de village.

VI

Où sont donc les entraves apportées par la centralisation à la construction de l'église? Il a fallu
vingt-cinq ans de persévérants efforts pour arriver
à un résultat aussi simple? Non, il a fallu vingt-
cinq ans à une commune pauvre pour réunir des
ressources qu'elle n'avait pas, voilà tout. Quant à
la centralisation, voici la part qui lui revient :

c'est à elle qu'un obscur village devra un monument d'une architecture correcte et d'un goût sévère, c'est à elle qu'il devra aussi le tiers du prix de ce monument ; subvention énorme et sans laquelle il eût fallu ajourner les plus légitimes espérances.

Voilà la vérité, non plus en théorie, mais dans la pratique ; voilà la centralisation mise à nu.

Qu'est-ce donc que la centralisation?

Qu'est-ce donc que la décentralisation?

La question est grave, elle vaut la peine d'être sérieusement étudiée. Poursuivons.

CHAPITRE III.

—

Continuation du même sujet. — État de la doctrine. — Les auteurs, les publicistes, les orateurs.

I

Lorsque nous nous reportons aux auteurs qui ont traité la question de la centralisation, nous trouvons tout d'abord aux deux termes extrèmes les noms de MM. de Cormenin et Béchard : le premier, le champion de la centralisation partout et toujours ; le second, le propagateur convaincu de l'idée contraire. On se rendrait imparfaitement compte de l'ardeur que M. de Cormenin porte dans son opinion, si l'on n'avait pas sous les yeux l'expression propre de sa pensée. Cela est d'autant plus nécessaire lorsqu'il s'agit de cet écrivain, que chez lui, pour une grande partie, la pensée est dans le style, ou du moins, dans la phrase : la forme donne à l'idée un relief qui constitue la plus grande partie de sa force.

M. de Cormenin trouve la centralisation admirable à tous les âges d'un peuple et sous tous les systèmes de gouvernement. Pour lui, elle explique tout. Passe-t-il en revue notre histoire, y cherche-t-il les secrets de notre grandeur et de notre force, il s'écriera : « Sous la féodalité, la centralisation servit l'aristocratie; sous les rois, la monarchie; sous la Convention, l'égalité; sous le Consulat, l'ordre civil; sous l'Empire, le despotisme; sous la Restauration, le gouvernement ministériel. »

Il faut convenir que la centralisation ainsi envisagée est un moyen de gouvernement au service de tous les événements et de tous les principes.

Il poursuit : « Chez nous, la centralisation a résolu le grand problème de l'unité dans le territoire, la législation et le gouvernement. La centralisation explique la France administrative. Le besoin de la centralisation est si impérieux que les révolutions n'y font rien... »

Puis il descend dans l'application; il envisage les effets de la centralisation dans ses rapports, non plus avec la politique, mais avec l'administration communale. « Sans la centralisation, dit-il, la force d'inertie, qui est celle des campagnes, ne paralyserait-elle pas l'action du gouvernement?....

» Si on laissait à plus de la moitié des communes le choix de faire ou de ne pas faire, nous n'aurions peut-être ni instituteurs, ni conscrits, ni prêtres, ni réparations de chemins ruraux, ni chemins vicinaux de grande communication, ni routes départementales, ni écoles normales primaires, ni maisons d'école villageoises, ni mairies, ni votes des prestations en nature ou en centimes, ni octrois, ni redevances vignicoles, ni timbre, ni enregistrement, ni impôt foncier. On ne paie chez nous que parce que la loi dit : payez. On ne fait que parce la loi dit : faites. Il n'y a rien de plus rare en France que des contribuables de bonne volonté. »

Que penser de cet agencement de mots qui aboutit à mettre le prêtre entre le conscrit et la réparation des chemins ruraux? Il résulte de cette énumération de M. de Cormenin, qu'il entend tout demander à la centralisation, et qu'il mêle tout, depuis la maison d'école villageoise jusqu'au clergé, depuis le chemin rural jusqu'au budget, qu'il appelle ailleurs le livre de la centralisation; il eût pu dire le grand-livre de la centralisation. Ainsi, s'agit-il de l'histoire et de la politique, du gouvernement et de l'administration, des plus grands intérêts et des plus petits, des choses les plus élevées et des détails les plus vulgaires, pour M. de Cormenin, le dernier mot est centralisation; il ne connaît qu'une force, n'arme le gouvernement que d'un levier. Cette force, ce levier, il l'appelle *centralisation*.

M. de Cormenin se laisse entraîner si loin dans son admiration qu'il va jusqu'à confondre la compression avec la centralisation. Dans le système de la centralisation on aperçoit deux choses: d'une part, des forces morales ou matérielles remises aux mains du gouvernement ou d'un homme; et, d'un autre côté, l'emploi de ces forces par le gouvernement ou le souverain qui le représente. Dans le système de la compression, au contraire, Il ne s'agit plus de la réunion des forces pour arriver à leur emploi, mais de leur annulation; or, c'est à cette annulation qu'aboutit M. de Cormenin.

Traite-t-il de la magistrature sous l'Empire, il déclarera avec une sérénité qui épouvante que : « Les magistrats étaient plutôt les distributeurs d'une jugerie temporaire que de véritables juges. » On se demande où est la force morale dans la distribution d'une pareille justice ?

Entreprend-il de parler de cette noble force qui à elle seule est tout l'homme, de la force de la pensée : « Napoléon, dira-t-il, centralisait sous sa main toutes les forces constituantes, agissantes et *pensantes* de son vaste empire. » Ici évidemment, et à propos de la pensée humaine, la forme a trahi la pensée de M. de Cormenin lui-même, il ne

s'agit plus de centralisation, mais de compression :
l'histoire de ces temps a prononcé sur le système
de Napoléon à l'égard de la pensée ; les faits ont
donné un démenti à M. de Cormenin. L'épanouis-
sement littéraire si vif et si lumineux qui se ma-
nifesta subitement à la chute de l'Empire ne permet
pas d'admettre l'action centralisatrice de Napoléon
sur la pensée ; il la comprima, rien de plus, mais
il ne sut pas s'en servir, il ne sut pas faire qu'elle
fût dépensée à son profit ; aussi la veille de sa
chute sortit-elle tout entière de l'outre dans laquelle on la tenait enfermée.

M. de Cormenin poursuit les applications de la
centralisation sous les divers gouvernements que la
la France a eus depuis quatre-vingts ans ; de l'Empire il passe à la Restauration. « La Restauration,
dit-il, continua à marcher sur les ressorts tendus
et vigoureux de la centralisation administrative...,
et à tout prendre le gouvernement tirait plus d'o-
béissance des préfectures et des tribunaux que
des intendants et des parlements, et la royauté
plus d'hommes et d'argent des Chambres que des
États. »

Il est difficile d'être plus sévère sur les institutions de l'Empire et d'absoudre en de meilleurs
termes l'administration de la Monarchie. Et cependant, malgré les facilités de gouvernement
que la Restauration trouvait dans la centralisation
impériale, nous l'avons vue, de 1814 à 1830, faire

de constants et d'heureux efforts pour rompre les chaînes de cette centralisation, et ramener l'administration à des pratiques qui donnaient plus d'indépendance au peuple, moins d'hommes et moins d'écus à la royauté!

II

Aux derniers confins du système opposé on rencontre M. Béchard. Ce publiciste demande à la décentralisation tous les biens que M. de Cormenin a demandés au principe contraire.

Les livres de M. Béchard sont une thèse en faveur de la décentralisation; la décentralisation est son drapeau; il dépense à sa défense autant de science que de sentiments généreux. « Toutes les branches de l'administration publique, dit M. Béchard, sont réunies dans les mains de huit ministres et de leurs préposés supérieurs et subalternes; la nation est interdite d'administrer ses propres affaires; elle ne peut ni agir ni se mouvoir que par les ressorts de la bureaucratie; elle n'a pas d'existence propre. » Il passe ensuite en revue toutes les matières de l'administration, depuis les questions de subsistance et de police rurale jusqu'à l'organisation des cultes, de l'instruction publique, de la magistrature et de la diplomatie; il étudie toutes ces questions au point de vue historique :

puis, examinant à fond tous les intérêts municipaux, il revendique en faveur des maires des
attributions très-étendues et propres à leur assurer une large indépendance vis-à-vis du pouvoir.
Il en est de même pour les conseils locaux; il repousse dans bien des circonstances la tutelle que
le gouvernement exerce sur eux ; même en matière de finances il ne l'admet qu'avec des res-
trictions. Est-il question d'un tarif d'octroi, d'impositions extraordinaires, d'impôts locaux : il veut
pour la plupart des cas laisser l'initiative et
la responsabilité à l'autorité locale. Il voit dans
la décentralisation ainsi entendue la garantie de
la prospérité publique.

Il y a loin de là à l'anathème porté par M. de
Cormenin contre les administrations locales. « Si
on laissait à plus de la moitié des communes le
choix de faire ou de ne pas faire, nous n'aurions
peut-être ni instituteurs, ni conscrits, ni prêtres... »

En résumé, décentralisation partout, voilà le
système de M. Béchard; centralisation de toutes
les forces de l'empire, voilà le système de M. de
Cormenin.

Il faut chercher la vérité et les principes pratiques entre ces extrèmes.

III

M. de Tocqueville, dans son livre de *la Démocratie en Amérique*, a été amené par le spectacle des institutions américaines à parler de la centralisation : il l'a fait en philosophe libéral. L'un des premiers, il a judicieusement remarqué qu'il existait deux sortes de centralisation : la centralisation politique et la centralisation administrative ; et il a très-nettement établi la différence qui existait entre les deux. Mais en même temps il fait des parts bien différentes à l'une et à l'autre : il ne comprend pas qu'une nation puisse vivre, ni surtout prospérer sans une forte centralisation gouvernementale ; il pense, au contraire, que la centralisation appliquée à l'administration n'est propre qu'à énerver les peuples qui s'y soumettent. « La centralisation administrative, dit-il, tend sans cesse à diminuer parmi eux l'esprit de cité. Elle parvient, il est vrai, à réunir à une époque donnée et dans un certain lieu toutes les forces disponibles de la nation ; mais elle nuit à *la reproduction des forces*. Elle la fait triompher le jour du combat, et diminue à la longue sa puissance. Elle peut donc concourir admirablement à la grandeur passagère

d'un homme, non point à la prospérité durable
d'un peuple. »

Il est évident qu'en traçant ces lignes, M. de
Tocqueville voyait se dresser devant lui les souvenirs du premier Empire ; cette préoccupation a
fait dévier son jugement : remarquable exemple
de la nécessité pour un écrivain de soustraire
sa pensée à la passion politique; il ne peut
écrire quelque chose de durable qu'en se maintenant dans les régions sereines qui dominent les
passions humaines.

L'erreur fondamentale de M. de Tocqueville
en ce point, c'est de penser que la centralisation
administrative diminue chez les hommes l'esprit
de cité et nuit à la reproduction des forces sociales. Il est permis de supposer qu'en s'exprimant
de la sorte, l'auteur de *la Démocratie en Amérique*,
qui avait constamment tenu son esprit dans le
champ des idées spéculatives, ne se rendait pas
un compte exact de la centralisation appliquée,
de ses procédés et de ses effets. On ne saurait
protester avec trop de force contre les craintes de
M. de Tocqueville. La centralisation ne gêne pas
la reproduction des forces sociales; peut-être pour-
rait-elle, dans certains cas, la retarder, mais en
revanche, pour ce léger inconvénient, quelle compensation n'offre-t-elle pas! Avec quelle efficacité
n'empêche-t-elle pas la dispersion, le gaspillage
même de ces forces qu'on l'accuse d'empêcher

de produire? Sans la centralisation, combien ne verrions-nous pas adopter de mesures locales propres à entraver leur développement normal? Quant à l'esprit de cité, s'il se sent comprimé par elle, ce que l'on ne saurait admettre, c'est au législateur à chercher le remède au mal, à empêcher qu'elle n'exerce une influence fâcheuse sur un point si important de nos mœurs publiques. Or, ce remède ne le trouverait-on pas dans la division provinciale ?

En résumé, il reste de M. de Tocqueville une distinction à la fois pratique et philosophique sur la centralisation; une approbation sans réserve donnée au système de la centralisation politique et la constatation d'avantages sérieux dans la centralisation administrative, tout en contestant ce principe.

IV

A côté de ces écrivains qui ont fait la philosophie de la science de l'administration plutôt que de la pratique administrative, viennent se ranger les hommes d'application. Au premier rang, parmi ces derniers, se place M. Vivien. Ce publiciste se prononce en faveur d'un système de sage centralisation administrative. « L'administration, dit-il dans ses Études, ne doit pas seulement sa

puissance à son indépendance ; elle la puise encore dans les principes qui président à son action. Le plus essentiel, le plus vital, est celui
qu'on désigne sous le nom de *centralisation*. » Après
avoir posé le principe de la centralisation, il le défend contre les attaques auxquelles il est en butte.
Il reconnaît que ceux-là même qui conviennent
des avantages de la centralisation l'accusent d'a-
voir dépassé les limites dans lesquelles elle aurait pu
être renfermée. Il n'hésite pas à dire, et en ceci
il se rapproche des idées de M. de Cormenin, que
ces critiques sont plus spécieuses que fondées ;
que la plupart des affaires communales, et souvent les plus humbles en apparence, se rattachent
aux principes les plus importants de notre droit
public, et qu'on n'aurait pas pu dès lors, sans péril pour les intérêts généraux de l'État, les laisser exposés à la négligence ou au mauvais vouloir d'un maire ou d'un conseil municipal. « La
centralisation, ajoute-t-il, touche à la fois à la
grandeur du pays, aux principes de la liberté et
de l'égalité devant la loi, au progrès des réformes
administratives et économiques ; tout en exige
donc le maintien. »

V

La question de la décentralisation n'est pas
restée renfermée dans les livres, elle a été trans-
portée sur un terrain plus brûlant. Il appartenait
à l'infatigable défenseur de ce principe, à M. Béchard, de le produire sur le théâtre de nos débats politiques : c'est ce qu'il fit en 1848, à
l'occasion de la discussion du chapitre vii de
la constitution, intitulé *de l'Administration intérieure*. Il posa la question en ces termes :
« Je crois que le droit des habitants de chaque
cité d'administrer, par des mandataires élus, leurs
intérêts purement locaux est un droit primitif,
naturel, imprescriptible, et que le droit de l'État
se borne à l'administration des intérêts généraux
et à la surveillance des empiétements que les
administrations locales pourraient se permettre
sur la politique et sur l'administration générale... »

VI

C'est sur cette déclaration que la discussion
s'engagea : elle fut vive et courte ; elle donna lieu
à un discours plein de faits piquants de M. Boulainvilliers, et de la part de M. Dufaure à une

exposition de principes qui restera le dernier mot sur cette matière.

M. Boulainvilliers prit la défense du principe de la centralisation : « Croyez-vous donc, dit-il, que sous ces chétifs intérêts municipaux ne se trouvent pas cachées de très-grandes questions? Que diriez-vous, par exemple, si on vous citait des maires qui, sous prétexte de régler certains objets de police, par exemple de la police des marchés, avaient confisqué le principe de la liberté de l'industrie écrit solennellement depuis 1790 ? » Il raconte ensuite l'aventure de ce maire de Bretagne qui, étant venu à Paris, trouva, dans son admiration pour la place Vendôme, qu'il serait superbe d'appliquer à sa petite ville le système des constructions uniformes. Rentré chez lui, il déclara que, sur la place publique de la commune, les habitants seraient désormais tenus de construire sur un plan déterminé ; et, pour arriver à ce résultat, il entendait qu'un particulier qui avait un jardin avec un mur donnant sur la place publique, ne pourrait pas réparer son mur et serait obligé d'édifier une maison. « Savez-vous, dit-il en terminant, ce qui a rétabli la légalité? c'est l'abominable centralisation: c'est M. le ministre de l'intérieur qui a été obligé d'intervenir, qui est venu protéger la liberté des citoyens dans la faculté de disposer de leurs propriétés et de construire à leur gré... »

VII

M. Dufaure prit part au débat, et de suite porta
la discussion sur son véritable terrain. Nous
allons voir se dégager des vues nettes et justes,
qui nous conduiront à une définition exacte de
ces mots *centralisation* et *décentralisation*.

Il fit tout d'abord judicieusement remarquer
que, « quand on parle tant de la centralisation,
de ses excès, de ses abus, on commet un véritable
anachronisme.» Et, en effet, il montre, partout
où on signale un abus de la centralisation, l'intervention active et toute-puissante des citoyens,
par leurs représentants, à l'Assemblée législative,
au conseil général, dans le conseil municipal ; il
montre, dans les questions d'impôt notamment,
l'autorité centralisée à Paris, mais centralisée
non pas aux mains du pouvoir exécutif, mais du
pouvoir législatif, dont le vote est décisif. Il suit
ce travail d'analyse au conseil général, au conseil
municipal, et il arrive à la même conclusion.
Passant ensuite à la question de l'administration
des biens des communes, administration que les
partisans de la décentralisation voudraient voir
complétement abandonnée aux pouvoirs locaux ,
il expose que dans tous les temps, et même sous
l'ancienne législation, les communes étaient inca-

pables d'aliéner leurs biens, et cela, non pas en vertu du système de la centralisation administrative, mais parce qu'une commune est une association perpétuelle, parce que les biens des communes sont considérés comme substitués, et qu'ils ne sont pas plus libres que les biens substitués ; que cette mesure n'a pas été prise dans l'intérêt de l'État, mais dans l'intérêt de la continuation, de la durée de la commune elle-même.

Il conclut au maintien d'une centralisation raisonnable et modérée.

De grandes vérités et une vive lueur viennent de jaillir de cette parole sobre et savante : c'est qu'il n'y a pas, à vrai dire, de centralisation là où les citoyens interviennent dans le règlement de leurs affaires par l'organe de conseils librement élus par eux.

VIII

Concluons de tout ceci, et avec tous les hommes qui se sont occupés de matières administratives, que, « de quelque côté qu'on envisage le système de la centralisation, il faut reconnaître qu'il constitue une des plus grandes questions de notre temps (1). »

____

(1) *Dictionnaire de l'économie politique*, v° *Décentralisation*.

CHAPITRE IV.

Continuation du même sujet. — Définition de la centralisation,

I

Qu'est-ce donc enfin que la centralisation qui préoccupe tant d'esprits, et que l'on proclame une si grande question?

Et d'abord, débarrassons la question de ce qu'on appelle tous les jours, sans beaucoup de réflexion, les lenteurs administratives, l'atonie des bureaux, la paperasserie.... Ce sont là sans doute de graves inconvénients, mais il faut reconnaître de suite qu'ils ne constituent pas un vice attaché à une institution, un mal inhérent à un système d'administration, et constituant une partie de ce système. A qui se rend un compte exact des choses, et porte dans leur examen un esprit libre de préjugés, la bureaucratie ne se présente pas avec ce cortége de lentes formalités que les esprits superficiels affectent d'y voir. L'intervention des bureaux, c'est la plus sérieuse garantie d'impartialité et le principal moyen de contrôle que possède le gouvernement sur la marche des affaires. Une instruction méthodique garantit leur examen, la paperasserie protége la probité des solutions.

On répète par habitude et le plus souvent sans y croire, ces accusations de lenteurs portées contre l'administration. Les délais sont nécessaires à l'instruction des affaires administratives comme à l'instruction des affaires judiciaires. On ne supprimera pas plus les uns du code de procédure que les autres des formes administratives. Quant aux lenteurs, elles ne doivent pas exister. Mais, à tout prendre, le mot lenteur est mauvais, c'est paresse qu'il faudrait dire : or, si la paresse se fait remarquer quelque part, le remède est bien simple; un administrateur le trouvera toujours dans sa propre activité. Renvoyez des bureaux les paresseux, les lenteurs administratives auront disparu.

Mais c'est assez sur un sujet qui n'est pas sérieux pour tout homme qui a passé aux affaires et qui a pu admirer l'honnêteté et l'esprit de méthode qui président dans les ministères à la conduite des affaires administratives. Encore une fois, et ceci ne saurait être dit ni trop haut ni trop souvent, la garantie de la moralité de l'administration est dans les bureaux des ministères. Écartons donc ces reproches de lenteurs admi-

nistratives, et ces mots sans valeur de paperasserie, d'atonie des bureaux, etc....

II

Si nous demandons aux auteurs ce que c'est
que la centralisation, chacun nous offrira sa définition ; elle sera plus ou moins abstraite, ou plus
ou moins pratique selon que celui qui la donne
est un administrateur ou un publiciste philosophe.

« La centralisation, disent les auteurs du *Dictionnaire de l'économie politique,* c'est la concentration dans les mains d'un gouvernement unique
et central de toutes les attributions de la puissance publique. »

« La centralisation, enseigne M. Vivien, consiste dans l'existence d'un pouvoir destiné à im-
primer à toutes les parties d'un pays une direction uniforme, à leur assurer la jouissance des
mêmes avantages, à leur imposer les mêmes
charges.... »

Après eux, M. de Tocqueville donne sa définition de la centralisation : « Concentrer dans un
même lieu et dans une même main le pouvoir de
diriger les intérêts spéciaux à certaines parties de
la nation, tels, par exemple, que les entreprises
communales, c'est fonder ce que je nommerai la
centralisation administrative. »

Je m'arrête dans ces citations : on pourrait entasser les définitions sans répandre plus de clarté sur la question. Ce n'est qu'en descendant des hauteurs toujours ambitieuses de la définition pour arriver à l'application que nous parviendrons à déterminer d'une manière précise le sens à la fois philosophique et pratique de ces deux mots, *centralisation* et *décentralisation*.

Il est bien entendu qu'il ne s'agit ici que de la centralisation administrative.

III

Y a-t-il centralisation administrative, parce que le chef de l'État ou le ministre à Paris se réserve de donner son approbation à tel ou tel acte municipal?

Ou, au contraire, y a-t-il décentralisation administrative parce que le chef de l'État ou le ministre a abdiqué son droit de tutelle pour en investir au chef-lieu de département son agent direct, le préfet; ou au chef-lieu d'arrondissement, le sous-préfet?

Enfin, cette décentralisation n'existe-t-elle, comme quelques-uns le prétendent, que là où le pouvoir central a renoncé à son droit de tutelle, et a remis le soin des intérêts communs à la volonté sans contrôle d'autorités locales et électives?

IV

Remarquons avant d'aller plus loin que ce mot de *décentralisation* est un mot vague, qui devait inévitablement donner naissance à des théories diverses et difficiles à saisir, jeter le trouble dans les esprits, et les égarer dans les brouillards des systèmes. De là tant de définitions opposées, de là des luttes sur des interprétations qui diffèrent peut-être plus en apparence que dans la réalité. En administration tout doit être net et précis ; les contours doivent être bien accusés : c'est en ces matières surtout que les grandes lignes sont les plus belles.

V

Le mot de centralisation réveille une idée de tutelle ; celui de décentralisation, une idée d'affranchissement de la tutelle. Effectivement, dans le système de la centralisation tel qu'il résulte des définitions que nous avons citées, il s'agit d'une tutelle exercée par le gouvernement central de l'État sur le gouvernement local de la commune.

Cette tutelle n'est pas une affaire de caprice,

d'amour-propre gouvernemental, de supériorité vaine; c'est l'intérêt général du pays qui l'exige.

En effet, une commune mal administrée, ou ne développe pas chez elle les sources de la richesse communale autant qu'elles devraient l'être, ou même les laisse tarir.

Or, les sources de la richesse communale réunies forment le fleuve de la richesse de l'empire et constituent les forces de la France : fleuve aux eaux riches et abondantes si elles ont été développées avec intelligence ou ménagées avec soin; fleuve aux ondes avares et taries si elles ont été prodiguées ou négligées.

Cependant l'État, qui, dans un grand intérêt national, peut avoir besoin de toutes les forces de la France, doit-il s'exposer à ne pas les trouver au jour du péril? Évidemment, non. Il doit donc veiller avec une sollicitude incessante sur l'administration communale.

Mais est-il impossible de concilier cette exigence légitime avec le principe de la décentralisation, c'est-à-dire avec le principe de l'affranchissement de la tutelle?

Si l'État intervient dans la gestion des intérêts communaux d'une manière exclusive, s'il impose ses solutions, s'il décide sans contrôle, sans conseil ou par des conseils qui lui appartiennent, que la décision soit donnée au sommet par le ministre, ou à tel autre degré de la hiérarchie par le préfet, ou par le sous-préfet, on doit dire qu'il y a centralisation.

Si, au contraire, il intervient dans la gestion des affaires de la commune d'une manière efficace, mais large; si son action, contenue dans un simple droit de surveillance, est combinée avec celle de conseils librement élus et possédant l'initiative, n'y aura-t-il point là décentralisation?

Nous sommes amené à distinguer deux sortes de décentralisation :

L'une qui consiste à supprimer toute tutelle du gouvernement sur les actes des départements et des communes, à briser tous les liens qui relient commune et département avec le pouvoir central. Hâtons-nous d'ajouter que cette décentralisation conduit, par l'anarchie administrative, à la perte des forces sociales.

L'autre qui maintient cette tutelle, qui conserve avec soin les liens protecteurs qui unissent la commune à l'État, c'est-à-dire la base au sommet; qui fait passer les intérêts généraux de l'État avant les intérêts spéciaux des communes; mais qui en même temps commet la garde de ces derniers à des conseils élus par les citoyens et placés à chaque degré de la division administrative : conseil communal à la commune, cantonal au canton, général au département, conseil ou assemblée provinciale à la province.

Ainsi comprise et resserrée dans ces limites

bien déterminées, une définition de la décentralisation peut être tentée; nous dirons donc :

Non, la décentralisation n'existe pas seulement à la condition de l'abdication du pouvoir central, de l'abandon par lui de tout droit de tutelle et de contrôle sur les intérêts des départements et des communes;

Non, la décentralisation ne consiste pas dans quelques formes simplifiées, dans quelques écritures de bureau supprimées, dans une tutelle inférieure substituée à un haut patronage, par exemple dans le pouvoir d'approbation passé du ministre au préfet;

Mais la décentralisation consiste dans le droit d'initiative et dans la libre manifestation de la volonté des citoyens dans l'administration de leurs intérêts locaux.

De là il suit que si la libre manifestation de cette volonté n'existe pas, ou si elle est paralysée ou faussée par une mesure quelconque du pouvoir, il n'y a plus décentralisation.

De là il suit au contraire que si la tutelle du pouvoir central ne s'exerce que sur la manifestation de la volonté de tous par les décisions des conseils, on ne peut pas dire qu'il y a oppression des pouvoirs locaux, annulation de toutes les volontés, absorption de toutes les forces par l'approbation nécessaire du pouvoir central.

CHAPITRE V.

Qu'il ne faut pas confondre la forme et le fond.

I

Comment se fait-il que ces idées soient souvent
voilées? Comment de sages esprits ont-ils été ame-
nés à déplorer les rigueurs de la centralisation,
là où cette centralisation n'existe pas?

C'est qu'on a confondu la forme et le fond; je
dirais volontiers la procédure administrative, avec
la solution de la question véritable.

On semble, en effet, s'attacher à voir dans l'acte
matériel par lequel se manifeste et s'exerce la tutelle de l'autorité centrale, c'est-à-dire dans l'approbation donnée par cette autorité à tel ou tel
fait du pouvoir communal, un acte de volonté absolue, exprimé en dehors et au-dessus des pouvoirs
locaux, alors qu'il n'y a et qu'il ne peut y avoir

qu'une simple adhésion à l'acte du pouvoir local lui-même. Ainsi, et cette distinction est féconde en conséquences, la forme consiste dans la formule par laquelle l'autorité centrale manifeste son droit de tutelle; c'est le *j'ai lu et j'approuve* apposé par elle au bas de certains actes d'administration des pouvoirs locaux, tandis, au contraire, que le fond c'est cet acte lui-même.

Or, c'est dans ce simple *j'ai lu et j'approuve* que se trouve cette assurance nécessaire que les intérèts généraux de l'État ne seront ni gênés par les intérèts spéciaux des communes, ni parfois sacrifiés à eux, que se trouve la garantie de la grandeur et de la force de la France, c'est-à-dire de son unité!

Par opposition à la forme, le fond est dans l'expression de la volonté des citoyens, par l'intervention de tous les corps représentatifs dans la gestion des affaires du pays, et surtout dans les votes de finances :

Au sommet, le vote du Corps législatif;

A la base, les votes des conseils municipaux;

A des degrés intermédiaires, les votes des conseils de canton, de département et de province.

II

Non-seulement on a toujours confondu la forme et le fond, mais on n'a jamais distingué entre l'action et la simple surveillance. On ne s'est pas rendu compte de la place où était l'action; de la place où était la surveillance.

Il y aurait centralisation absolue, despotique, si l'action partait d'un centre unique; mais dans nos lois actuelles on ne trouve au centre que la surveillance, la tutelle; l'action véritable, au contraire, est sur toute la surface du territoire et dans le vote des conseils.

Ainsi entendue, la décentralisation sera d'autant plus complète que la volonté générale se manifestera plus librement et à un plus grand nombre de degrés.

III

Ne voyons donc pas un acte de despotisme dans cette surveillance exercée au nom des intérêts généraux du pays par le pouvoir central sur les intérêts spéciaux des communes. N'y voyons que ce qui y est, c'est-à-dire, un acte de protection de cette double classe d'intérêts. Dans cette voie on rencontrera la vérité et l'on découvrira dans la centralisation, telle que notre législation de 1830 à 1837 l'a faite, cette centralisation modérée que recommandent les praticiens et les sages; en d'autres termes, la décentralisation véritable.

Un rapprochement entre deux lois et deux dates achèvera de mettre cette vérité en lumière.

La constitution du **22** frimaire an VIII, le sénatus-consulte organique du **16** thermidor an X, et les lois qui ont suivi, ont placé l'action gouvernementale dans la main d'un seul. Dans ce système, plus de maires, émanation des citoyens, plus de corps municipaux véritables, plus de conseils à aucun degré élus par les citoyens, plus d'électeurs, plus d'élections, la manifestation d'une seule volonté du sommet à la base et de la base au sommet. C'est de ce système que M. le procureur général Dupin disait « qu'il réduit une nation à la condition d'une armée; qu'il est devenu pour nos libertés ce que le blocus continental fut pour le commerce... Les flatteurs, ajoutait-il, ont appelé cela la *science du pouvoir;* c'était tout uniment le despotisme. »

Les choses sont-elles donc aujourd'hui ce qu'elles étaient en 1800? Y a-t-il dans l'économie de nos lois municipales et départementales de 1830 quelque analogie avec la constitution de l'an VIII et les lois qui en ont développé le principe? Nos lois nouvelles, au contraire, n'ont-elles pas été conçues dans un esprit de réaction contre cette constitution ? Reconnaissons donc que la centralisation de notre législation moderne est à la centralisation de l'an VIII ce que le département d'aujourd'hui est au département de l'Assemblée constituante, et cessons de donner à notre système administratif une qualification qu'il méritait il y a soixante ans, et qui n'est plus aujourd'hui, ainsi qu'on l'a dit, qu'un anachronisme.

CHAPITRE VI.

___

I

Les principes qui précèdent ont besoin d'être éclairés par des exemples : passons donc de la théorie à l'application: de la lumière jaillira la vérité. Ceci nous conduit à l'examen du décret du 25 mars 1852, intitulé *de la décentralisation administrative* (1).

Pour apprécier ce décret, pour juger sa portée, il est nécessaire de déterminer son économie et son esprit. Dans ce travail il faudra avoir constamment présentes à la pensée et la distinction si judicieuse faite par M. de Tocqueville entre la politique et l'administration, et la doctrine qu'on vient d'exposer sur la centralisation administrative.

___

(1) Voir *Pièces justificatives*, n° 5.

II

Le décret du 25 mars est précédé d'une seule phrase destinée à en exposer les motifs : « Considérant, est-il dit, que depuis la chute de l'Empire des abus et des exagérations de tout genre ont dénaturé le principe de notre centralisation administrative, en substituant à l'action prompte des autorités locales les lentes formalités de l'administration centrale ; considérant· qu'on peut gouverner de loin, mais qu'on n'administre bien que de près ; qu'en conséquence, autant il importe de centraliser l'action gouvernementale de l'État, autant il est nécessaire de décentraliser l'action purement administrative ;. . . »

Ces considérations placées en tête du décret laissent la pensée en suspens ; on n'entrevoit qu'un désir, celui de substituer l'action prompte des autorités locales aux lentes formalités de l'administration centrale. Mais de quelles autorités locales veut-on parler ? S'agit-il de ces autorités municipales électives qu'on désigne le plus souvent, dans notre langage moderne, sous le nom d'autorités locales, alors nous entrons dans un large système de décentralisation ; s'agit-il, au contraire, de transmettre à la décision du préfet des questions autrefois réservées à la décision du ministère ou du chef de l'État, alors, comme on l'a dit plus haut, on substitue l'action des bureaux de la préfecture à l'action des bureaux du ministre, ou même à l'action du conseil d'État. Les considérants ne répandent aucune lumière sur cette question, il nous faut donc chercher ailleurs : nous ne trouverons l'esprit du décret que dans le décret lui-même et dans les circulaires ministérielles qui l'ont suivi et qui étaient destinées à en assurer l'exécution.

III

Le décret lève les doutes que les considérants pouvaient faire naître. Une seule autorité s'y trouve désignée, c'est l'autorité départementale, le préfet ; son action est substituée, dans des cas déterminés, à l'action du ministre, voilà le décret tout entier. Quels sont ces cas ? Il importe peu d'entrer dans le détail, il suffit de savoir qu'ils ressortissent aux ministères de l'intérieur, des finances, des travaux publics et de l'instruction publique.

Le décret qui voit à l'avance surgir les difficultés et qui présume l'inexpérience des préfets et l'incapacité des bureaux des préfectures, prescrit au préfet un compte rendu de ses actes. Ce compte rendu devra être adressé aux ministres compétents dans les formes indiquées et pour les objets déterminés par les instructions que ces ministres lui adresseront.

Suivent deux circulaires à la date du 5 mai : ces circulaires, véritables commentaires du décret, ont pour but de l'expliquer, d'en fixer le sens, et d'en assurer l'exécution d'une manière uniforme dans tout l'empire.

IV

Le ministre entend que le préfet, dans l'exécution du décret de décentralisation, s'applique à lui rendre tout contrôle facile : en conséquence il lui envoie des modèles de décisions et exige qu'il lui adresse à son tour des copies de ses arrêtés dès qu'il les aura pris. Autrefois les écritures précédaient les arrêtés et prévenaient toute erreur, aujourd'hui elles les suivront ; s'il y a une erreur on la réparera. « C'est ainsi, ajoute le ministre, que l'autorité centrale pourra savoir si les préfets ne s'écartent pas des règles tracées, s'ils s'inspirent du véritable esprit des lois administratives, et s'ils ont partout la fermeté nécessaire pour résister aux influences locales, trop disposées à intervenir pour appuyer des intérêts privés. » Le danger, ce sont les influences locales ; le remède, on le trouvera dans la fermeté du caractère ; le ministre signale le péril et la vertu qui le fera éviter...; la vertu, dit-on, ne consiste pas à braver le danger, mais à le fuir.

Dans une seconde circulaire à la même date, le ministre pénètre plus avant au fond des choses ; ses idées moins enveloppées revêtent une forme plus précise. « Monsieur le préfet, dit le ministre, la pensée qui a dicté le décret du **25** mars a été d'attribuer, pour ainsi dire, *une existence plus personnelle au département* en vous donnant plus de liberté dans la gestion des intérêts qui lui sont propres. » Il expose ensuite que, dans presque toutes les branches de l'administration départementale, des lois, des règlements d'administration publique, des instructions ministérielles avaient subordonné la solution des moindres affaires à l'accomplissement de formalités multipliées, et souvent à l'intervention successive du préfet, du ministre de l'intérieur, du conseil d'État et du chef de l'État lui-même. « Il a paru, continue-t-il, que sous cette complication de formules, sous cette accumulation de rouages et de contrôles, *la personnalité départementale* semblait disparaître...» Puis, après avoir exposé les vues nouvelles du gouvernement, il termine en ces termes: « *Vous aurez désormais une liberté de mouvement, une indépendance de décision, une force d'action personnelle qui vous permettront de relever encore l'ascendant de la position que vous occupez.* »

Une chose préoccupe le gouvernement, c'est ce qu'il appelle la *personnalité départementale ;* mais comment entend-il la relever et la protéger ? Sera-ce, comme on pourrait le supposer, en concédant aux conseils généraux des pouvoirs propres, en élargissant le cercle de leurs attributions ? Non, ce sera en augmentant l'autorité des préfets. Or, le résultat de ce système sera de grandir la personnalité du préfet, et d'amoindrir cette personnalité départementale dont on paraissait prendre souci

C'est toujours à la fin, dans le *post-scriptum,* qu'on révèle sa pensée tout entière ; c'est donc bien là la pensée du gouvernement, mais est-ce bien de la décentralisation ?

V

Que recommande-t-on aux préfets pour toutes règles d'administration : la liberté, la fermeté au milieu des influences locales. Nobles et grands principes, lorsque cette liberté est bien sûre de s'inspirer de celle de la conscience, lorsque cette fermeté éclairée se déploie pour le bien.

Quant à la décentralisation véritable, elle semble oubliée. S'agit-il de questions municipales : nous ne voyons pas apparaître une seule fois dans le décret la personnalité du maire ni celle de la commune représentée par son conseil ; s'agit-il d'intérêts départementaux : nulle part nous ne voyons intervenir une délibération du conseil général du département. Le préfet est le commencement et la fin de toutes choses. Aussi bien le ministre ne le dissimule pas, ce que le décret se propose, le but qu'il poursuit, le caractère propre de cette mesure, c'est de développer, de fortifier, d'accroître, de grandir, en un mot, l'autorité du préfet, partant sa personnalité comme fonctionnaire ; c'est de lui conférer une autorité qui lui permette de peser sur les populations de tout le poids d'un pouvoir sans contrôle sérieux, et de l'ascendant d'une haute position encore relevée.

Or, tout cela, loin de décentraliser quoi que ce soit, ne fait que resserrer les chaînes de la centralisation de toute la force dont on a augmenté la puissance préfectorale : c'est de la centralisation portée à ses limites extrêmes, et dans ce qu'elle a de plus inexorable.

VI

Je dis dans ce qu'elle a d'inexorable ; le mot n'est que juste. En effet, le décret de 1852 n'a pas conféré aux citoyens de nouveaux droits, mais il a transporté le pouvoir du chef de l'État ou de son ministre à un agent d'un ordre inférieur, le préfet. Or, dans ce déplacement d'attributions, c'est le simple citoyen, l'administré, le peuple, pour l'appeler par son nom, qui perd : il y perd, dans la gestion de ses affaires, cette garantie d'impartialité et cette sollicitude d'honneur qu'on ne rencontre que dans les régions les plus élevées du pouvoir.

Les choses se font médiocrement dans les mairies, parce qu'il y a là peu de capacité et beaucoup de passions ; elles se font moins mal dans les préfectures, parce qu'il y a plus de capacité et moins de passions ; elles se font bien dans les ministères, parce que là il y a de hautes capacités, et que les affaires s'y traitent au-dessus des passions humaines, dans la pleine sérénité de la conscience.

On espérerait vainement obtenir dans les bureaux de chaque préfecture de semblables résultats. Ce n'est pas en augmentant le fonds d'abonnement, en payant plus cher quelques services, qu'on rencontrera un talent supérieur, une moralité au-dessus de toute atteinte. L'argent ne supprime pas les obstacles. Et puis, il y a dans le milieu qui entoure un homme, dans l'air qu'il respire, dans la région qu'il habite, une garantie. Les contemporains ne laissent que des mémoires ; la vérité historique ne se dégage de l'alliage dont l'enveloppent les passions contemporaines qu'avec le temps ; c'est à l'avenir qu'il appartient de dire la vérité sur le passé. En administration, la distance supplée le temps ; en envisageant les choses de loin, on les juge plus sainement ; à distance, l'œil embrasse mieux les lignes de l'horizon.

Quel préfet, homme sérieux et honnête homme, ne s'estime pas heureux de savoir que ses appréciations personnelles et le travail de ses bureaux subiront à Paris le contrôle des ministères ? Quel administrateur consciencieux ne redoute pas constamment sur ses chefs de division, et plus souvent sur leurs subalternes, ces influences locales et mauvaises, qui, par cela seul qu'elles n'osent pas s'élever jusqu'à lui, s'attachent à ses inférieurs, connaissent le chemin de leurs faiblesses, les tourmentent sans cesse et trop souvent les dominent !

Dans les observations qui précèdent comme dans celles qui vont suivre, il n'y a rien qui puisse blesser les préfets ; ils seront les premiers, j'en suis sûr, à reconnaître la sincérité de ces jugements.

VII

Le décret de **1852** doit encore être envisagé sous un autre point de vue : dans l'économie de ce décret, on fait peser sur le préfet seul l'examen, la décision et la responsabilité de toutes les

affaires auxquelles donne naissance notre système administratif. Or, l'étude de ces affaires se
divise à Paris entre plusieurs ministères, et dans
chaque ministère, entre un grand nombre de chefs
de division. Ajoutez à cela que ces chefs de
division, hommes spéciaux et distingués, élevés à
la place qu'ils occupent par une longue pratique
des affaires, possédant avec la théorie tous les
précédents, consacrent exclusivement leur temps
à l'étude approfondie des affaires qui leur sont
soumises.

Quant au préfet, je le veux doué d'une capacité administrative incontestable, d'un rare savoir,
d'un esprit de décision rapide et juste: lui sera-t-
il toujours permis d'appliquer toutes ses facultés
à la solution des questions qu'il rencontre à
chaque pas sur son chemin? Oublie-t-on la multiplicité de ses attributions? D'autres soucis, beaucoup plus grands que celui du curage d'une
rivière ou d'un règlement d'eau, pèsent sur lui.
N'a-t-il pas à pourvoir à tout dans son département: au maintien de l'ordre public, aux subsistances, aux intérêts de l'agriculture, qui se lient
à la question des subsistances, et partant à celle
de l'ordre public; aux intérêts politiques, intérêts à
tant de faces, et qu'il doit embrasser dans leur
ensemble et satisfaire dans le détail? Enfin, ne se
doit-il pas tout à tous? Et voilà l'homme à la
décision, souvent sans appel, duquel on remet

toutes choses ! Encore une fois, c'est transporter l'instruction et la décision des affaires, de la bureaucratie élevée et éclairée de Paris à la bureaucratie moins élevée et moins éclairée de la province.

VIII

Du reste, l'idée du décret du 25 mars 1852 n'est pas moderne ; dans d'autres temps, on avait déjà essayé de transporter aux préfets certaines affaires placées dans les attributions du ministre ; or, voici dans quels termes des publicistes de cette époque s'exprimaient sur cette matière : « On a imaginé dernièrement, dit M. de Barante dans son livre *des Communes et de l'Aristocratie*, de transporter aux préfets quelques attributions du ministre, pour diminuer, dit-on, *la centralité*. Ce n'est pas faire autre chose que de surveiller moins les agents d'une autorité absolue ; c'est suivre la même voie qui avait si promptement fait dégénérer l'institution des intendants. »

Un autre écrivain, aux vives allures, M. Fiévée, publia dans le même temps une série de lettres sur le projet d'organisation municipale présenté aux Chambres par M. Siméon, ministre de l'intérieur, sous l'administration de M. de Villèle : il attaque la décentralisation, comme on la pratique aujourd'hui dans le décret de 1852 ; il s'exprime ainsi dans sa première lettre : « C'est une affaire de ménage entre le ministre de l'intérieur et les préfets ; il abandonne à ceux-ci de misérables détails qu'on avait l'habitude de faire revenir à Paris, et il appelle cela abolir *quelques gênes* que trop de penchants à la centralisation avait établies.... *Je ne vois que les commis du ministre qui aient à dire quelque chose sur ce projet, puisque ce sont eux qu'on décentralise en faveur des commis des préfets.* »

Ce projet préoccupe vivement M. Fiévée ; il y revient dans sa troisième lettre : « On donne aux préfets, ajoute-t-il, commis voyageurs des ministres, ce que les commis fixés à Paris sont si ennuyés de faire que souvent ils ne le faisaient pas. Cela ira plus vite, dit-on ; *mais cela ira-t-il mieux et d'une manière plus favorable aux libertés ?...* En mettant à la merci des commis de province les attributions dont les commis de Paris ne veulent plus, a-t-on pensé à l'état dans lequel peuvent tomber les départements si les préfets?... » Je demande la permission d'interrompre ici ces citations...

Telle était l'opinion d'alors sur le système de décentralisation appliqué depuis par le décret du 25 mars 1852.

IX

Chose singulière, tout le système du décret du 25 mars sur la décentralisation administrative se trouve formulé dans quelques lignes de M. de Cormenin, le champion fanatique de la centralisation; il dit quelque part : « Paperasser moins , ne pas tant prodiguer les autorisations venues du centre, les circulaires ambitieuses et inintelligibles , les formalités d'apparat, les devis artistiques, les constructions plus monumentales qu'utiles, les accumulations de détails, les aller et retour sans but et les pertes de temps ; administrer plus que délibérer.... » Ainsi s'exprime l'auteur du *Droit administratif*.

Nous n'aimons pas les paperasses, nous l'avons déjà dit, mais nous ne repoussons pas avec tant de mépris les écritures, les autorisations venues du centre, les formalités d'apparat, les aller et retour, les accumulations de détail qu'on semble dédaigner si fort. On oublie trop, lorsqu'on s'exprime ainsi sur la forme administrative, que la gestion des intérêts des communes est remise aux mains de trente-sept mille individus isolés dans leur administration, disséminés sur un vaste territoire, et sur lesquels l'administration centrale, par la force des choses, par un louable respect pour la dignité du plus modeste fonctionnaire, et enfin par suite de cette affectation d'indépendance qui est un des traits de notre caractère, a très-peu d'action, et qu'elle ne gouverne guère que par ces circulaires qu'on blâme et ces formalités d'apparat qu'on couvre de ridicule.

X

Je me suis expliqué avec une grande franchise sur ce décret, parce que son auteur, j'en suis sûr, poursuivait un autre but que celui qu'il a rencontré; parce qu'un long espace de temps et j'ajouterai un long silence a passé sur cet acte; parce qu'enfin il a reçu une exécution que rien n'est venu entraver, ni les réclamations individuelles, ni les discussions de la tribune, ni les débats de la presse, ni les livres.

On peut donc dès à présent demander à une expérience faite si ce décret a porté les fruits qu'on en attendait, et en n'envisageant qu'un des côtés de la question, demander ce que les préfets ont gagné dans l'exercice du droit redoutable qu'il leur confère en hauteur de position et en puissance d'ascendant. Le moyen n'était pas moderne; il a été employé au début du siècle; déjà aussi on avait donné aux préfets, pour me servir de l'expression d'un publiciste du temps (1), un grand

(1) M. Fiévée.

pouvoir sur les hommes et sur les choses.... Où cela a-t-il mené? Obtiendra-t-on aujourd'hui un meilleur résultat? Les préfets se sentent-ils plus grands et plus forts? Ils peuvent peser plus, mais qu'importe le poids? Dominent-ils plus aisément, au profit du pouvoir qu'ils servent, les difficultés de leur position? Sont-ils plus les maîtres de l'opinion publique? Lui impriment-ils dans une voie éclairée et utile une direction irrésistible? Le gouvernement, de son côté, s'aperçoit-il que les services que lui rendent ces fonctionnaires sont en raison de la sorte de majesté dont il les a revêtus?

On répondra sans hésiter, non; il y a encore eu là une tentative sans résultat. On semble avoir ignoré que plus l'autorité dont un préfet dispose est souveraine, moins il sent le besoin de s'entourer de collaborateurs désintéressés et plus le vide se fait autour de lui. On s'est trompé sur les vraies sources de l'influence morale : une vulgaire omnipotence n'ajoute rien à la valeur de la personne. La force et la grandeur sont des qualités rares qui ne se mesurent pas à l'étendue des pouvoirs : la force est un mérite propre à l'homme; quant à la grandeur du fonctionnaire, elle est dans la moralité de la mission qui lui est confiée!

CHAPITRE VII.

Continuation du même sujet. — Conclusion.

I

J'ai besoin de compléter ma pensée.

Jusqu'ici je me suis borné à indiquer par quelques traits les conséquences du décret du 25 mars et les raisons qui me forçaient à le combattre. Le sujet est trop grave pour que je n'expose pas dans le détail les motifs de mon jugement.

On a dû remarquer par les développements qui précèdent, que le principe de la décentralisation administrative n'est pas dans mes mains une arme de guerre, et que je n'entends pas poursuivre et affaiblir l'autorité centrale, au nom et par la pratique d'une liberté d'administration que je ne souhaite pas au peuple.

Au point où nous sommes arrivé, la question de la tutelle administrative des communes, autrement dit de la centralisation, se présente sous un

point de vue nouveau. Ce n'est point ici une affaire de théorie, un de ces thèmes convenus dans
lesquels se joue impunément l'esprit humain, une
thèse de philosophie du droit; il y a un côté pratique qui commande une solution et qui l'impose.

Trois causes principales exigent le maintien
d'une centralisation modérée : la première est
dans la mobilité du droit administratif; la seconde,
dans le développement de l'administration et l'incapacité relative des administrateurs; la troisième
est et subsistera toujours dans les passions des
hommes.

J'examinerai ces trois faces de la question.

II

1° *Dans la mobilité du droit administratif.*

Les règles du droit civil ont pu être réunies
en corps de doctrine, elles sont écrites dans les
codes. La jurisprudence a interprété la doctrine,
et le commentaire a été si rapide et si lumineux,
qu'aujourd'hui, après un demi-siècle à peine
depuis la promulgation de nos lois civiles, le
nombre des procès diminue incessamment, chaque
question, chaque obscurité se trouvant résolue
ou éclairée par la jurisprudence.

Il n'en est pas de même du droit administratif :

ses dispositions ne présentent pas et ne peuvent pas présenter la précision des dispositions du droit civil.

Le droit civil, du moins dans ses grands principes, est immuable, parce qu'il repose sur des règles éternelles.

Ce caractère d'immobilité est loin de se retrouver dans la nature du droit administratif. Ce droit règle d'une part les relations politiques des citoyens avec l'État, en second lieu les intérêts des citoyens dans leurs rapports avec les intérêts de la société; double cause de fragilité : en politique le droit administratif varie avec les passions des hommes; au point de vue de l'administration proprement dite, il varie avec le développement de leurs besoins, les progrès des arts mécaniques et les découvertes de la science. Ce droit est mobile, comme la société, à sa surface ; il doit être modifié à chaque invention nouvelle, charrue, vapeur ou électricité.

Justifions ceci par un exemple : que la chimie trouve un procédé pour protéger la pureté de l'air contre les émanations malsaines, et une partie importante du droit administratif, tout l'ensemble des lois et règlements relatifs aux ateliers insalubres tombe à l'instant.

C'est ce caractère bien différent des deux droits que les docteurs expriment en disant : *Que le droit civil est préexistant, immuable; le droit adminis-*

tratif, au contraire, *essentiellement arbitraire et variable.*

Aussi, les lois administratives, expressions des plus légers accidents de la vie sociale, n'ont-elles encore été systématisées nulle part, et résisteraient-elles à tout essai de codification qu'on voudrait tenter.

C'est au milieu de cette mobilité forcée et si redoutable, qu'on proposerait de supprimer la surveillance de l'État qui, après tout, ne remplit pour les intérêts généraux du pays que la fonction exercée par la Cour de cassation pour la protection des intérêts privés. Loin de songer à modifier cette tutelle, il serait plus sage de lui demander le moyen d'établir un accord désirable entre les décisions de l'administration ministérielle et la doctrine du conseil d'État. Trop souvent ce dernier corps se trouve dans la nécessité de casser des arrêtés pris par des préfets ou des maires, en vertu même des instructions et des circulaires ministérielles.

III

2° Dans le développement de l'administration et l'incapacité relative des administrateurs.

L'administration s'est développée en France d'une manière prodigieuse à la faveur de la longue paix que nous avons traversée. Beaucoup de choses étaient à faire à la chute de l'Empire : pendant la guerre, toutes les forces d'un pays sont détournées de leur cours ordinaire et précipitées ailleurs ; avec la paix, le sentiment de besoins nouveaux naît au sein des populations ; or, ces besoins, c'est à l'administration à les satisfaire.

IV

Quelles étaient, il y a un demi-siècle, les exigences administratives d'une commune rurale ? Elles se bornaient à l'entretien du clocher et à la réparation du chemin principal. Aujourd'hui, les choses sont bien changées. Chaque village, et avec raison, veut s'élever au niveau du bourg voisin, et le bourg, à son tour, veut s'élever au niveau des villes. Chacun entend jouir de ce bien-être général et particulier à la fois qu'une bonne

administration procure. Chacun veut avoir sa rue
pavée et éclairée, sa salle d'asile pour les plus
jeunes de ses enfants, l'école pour les plus grands;
et puis viennent bientôt à la suite le désir de
décorer la place publique et le souci de la distribution des eaux, enfin les nécessités du bureau
de bienfaisance et de l'hospice.

Or, c'est au moment où l'administration se
complique, où les exigences sérieuses augmentent
et avec elles les difficultés, car partout on a la
prétention de faire beaucoup avec des ressources
limitées, qu'on veut se soustraire à cette tutelle
généreuse dont le poids ne se fait sentir que par de
sages conseils et de riches subventions!

V

J'ai placé en regard du développement des matières administratives une accusation d'incapacité
portée contre les administrateurs; je ne me hasarde
sur ce terrain qu'avec répugnance. Je sais tout
ce qui est dû d'indulgence et de reconnaissance
au dévouement des hommes qui se consacrent à
la gestion si délicate des intérêts des communes,
cependant je serais coupable de celer la vérité.
Qui ignore, du reste, qu'en France l'éducation
des administrateurs n'a pas marché du même
pas que les besoins de l'administration? Ajoutez

à cela que, par des circonstances plus fortes que les gouvernements, beaucoup d'hommes se trouvent placés en dehors des fonctions publiques gratuites, et que par suite le niveau de la capacité chez les administrateurs municipaux a momentanément baissé.

N'est-ce pas le cas de suppléer à cette infériorité passagère par la bienveillante tutelle du gouvernement?

VI

3° *Dans les passions des hommes.*

Il n'est pas, pour les passions humaines, de champ de bataille plus constamment agité et plus redoutable que celui de la simple et pacifique administration des intérêts communaux.

Eh quoi, direz-vous, il s'agit d'un clocher, d'un presbytère, du pont de la commune, de la réparation de son lavoir; qu'est-ce que les passions qui troublent le cœur humain peuvent avoir à démêler avec de tels intérêts? Il en est pourtant ainsi; interrogez la trop longue histoire des dissensions communales. Ce sera bien autre chose encore, si nous nous transportons dans une localité un peu importante; si, aux questions de clochers et d'alignements, viennent se joindre les

difficultés si multipliées et si délicates que sou-
lèvent les usines, les cours d'eau, les ateliers insalubres.... Ici les intérêts privés sont à chaque
pas en lutte avec les intérêts privés, et le plus
souvent les uns et les autres prennent le masque
des intérêts généraux.

Cependant le règlement de ces intérêts, la direction de ces passions sont remis à la décision
des hommes!

VII

Les hommes placés à la tête des administrations municipales sont animés d'intentions droites;
ils ont une conscience honnète, des lumières, de
l'expérience même ; mais absorbés le plus souvent par le souci de leurs propres affaires, ils
sont obligés de se reposer sur d'autres du soin de
bien des choses; or, dans les villes peu importantes, et c'est le plus grand nombre, il se rencontre toujours dans les bureaux de la mairie un
homme en qui tout se résume, homme actif et
spécial, mais exclusif et passionné comme toutes
les médiocrités spéciales et actives. Si nous descendons plus bas, si de la petite ville nous por-
tons nos regards sur la commune rurale, de quel
spectacle ne serons-nous pas affligés ; nous y ver-
rons les hommes les plus distingués en butte aux

passions les plus étroites, et les hommes les plus faibles exposés aux injustices du plus jaloux despotisme.

Les forts et les puissants se servent de la puissance et de la force et n'en abusent jamais; au contraire, les faibles et les petits sont portés à faire un usage immodéré d'une autorité qu'ils ne savent pas manier et qui ne leur est confiée que par exception. Les forts et les puissants jugent les choses du point de vue élevé d'un cœur noble et d'un esprit calme; toutes les mauvaises passions de parti et d'intérêts privés aveuglent et dominent les petits et les faibles.

L'homme considérable qui vit entouré d'une grande autorité personnelle craint peu celle du fonctionnaire; il n'en est pas de même de l'homme du peuple, de l'artisan, de l'ouvrier des villes et des campagnes : celui-ci a besoin qu'on fasse pour lui ce que l'homme considérable obtient par le seul effort de sa dignité; or, cet appui où le trouvera-t-il, sinon dans la centralisation qu'on lui représente comme son ennemie?

Les passions mauvaises d'une localité n'osent pas se donner carrière sans pudeur, lorsqu'elles savent que la mesure qu'elles inspirent appellera l'intervention nécessaire du préfet, du ministre, du conseil d'État et, dans certains cas, du chef de l'État lui-même. Dans cette cascade d'examen on redoutera que la vérité ne se fasse jour une fois : cette crainte, qu'on en soit sûr, a fait reculer plus d'une iniquité.

VIII

Il ne doit plus être question des lenteurs administratives; c'est, nous l'avons vu, une de ces locutions stéréotypées à l'usage de ceux qui se paient de mots. Mais en admettant qu'elles existent, espère-t-on les faire disparaître en supprimant le contrôle qui est la conséquence de la centralisation. Dans le système de la centralisation, la mollesse ou le mauvais vouloir de l'employé sont incessamment sollicités par la crainte de recevoir du ministère une lettre de rappel; la lettre de rappel, c'est l'épée de Damoclès suspendue sur toutes les administrations de départements. Dans la voie nouvelle dans laquelle on s'engage, rien ne viendra plus troubler la quiétude ou agiter la conscience coupable de l'employé; il pourra impunément laisser sommeiller les affaires dans les cartons de son bureau.

IX

Mais, dit-on, un recours est toujours ouvert à la plainte pour tous.

Pour tous, oui en principe, en fait seulement

pour l'homme riche et éclairé, pour l'homme riche qui ne recule pas devant un sacrifice de temps et d'argent, pour l'homme éclairé qui peut se rendre compte des choses ; or, l'homme dans cette situation n'a rien à craindre : on hésite à le blesser injustement, on redoute son examen, tandisque le pauvre, l'homme de peu, est livré au caprice du dernier huissier de bureau.

Redisons-le encore une fois, la procédure administrative, les procédés d'examen et de contrôle qui saisissent une affaire à sa naissance et l'accompagnent jusqu'à sa solution, sont tout en faveur du peuple. Il peut payer cette garantie de quelques retards, il ne la paiera jamais trop cher (1).

(1) Tout ceci était écrit lorsqu'a paru au *Moniteur* un rapport de M. le comte de Persigny à la date du 12 avril 1861. Dans ce rapport, M. le ministre de l'intérieur, s'appuyant sur l'expérience, propose à l'Empereur de faire une application plus large du décret du 25 mars 1852. J'éprouve le regret de dire que l'expérience sur laquelle se fonde M. le comte de Persigny me fait persister avec plus de force dans mes idées ; il m'est impossible de ne pas voir dans l'application des principes du décret du 25 mars 1852 une épreuve douloureuse pour l'administration française et l'inauguration d'un régime propre à conduire le gouvernement qui l'adopte à des conséquences redoutables. Une chose me frappe dans le rapport du ministre, c'est la nécessité de rappeler déjà à l'exécution du décret du 25 mars. Que M. le ministre accorde donc quelque confiance à cette force des choses qui a fait négliger l'exécution du décret ; il y a là un avertissement désintéressé qui n'est l'œuvre ni du caprice ni d'une passion hostile ; à tous les titres il mérite d'être pris en considération.

IX

Il est temps de conclure : la décentralisation, avons-nous dit, ne consiste pas dans quelques formes simplifiées, dans quelques écritures de bureau supprimées, dans une tutelle inférieure substituée à un haut patronage, dans le pouvoir d'approbation passé du ministre au préfet.

Si ce principe est vrai, il faudra reconnaître que la décentralisation n'est pas dans le décret du 25 mars 1852.

CHAPITRE VIII.

De la décentralisation en 1848.

I

Si je me suis refusé à voir la décentralisation dans le système du décret du 25 mars, si, d'un autre côté, j'ai défendu toutes les mesures qui m'ont paru propres à fortifier l'unité française et à développer les forces du pays, est-ce à dire que je veuille contester aux communes le droit d'administrer leurs intérêts dans les limites de la prudence et du possible? Non certes, et bien que la décentralisation soit à mes yeux ailleurs que dans l'absence d'une tutelle peu gênante, je partage l'avis de ceux qui demandent la suppression absolue de cette tutelle, toutes les fois qu'elle peut avoir lieu sans péril; dans cette condition, je veux avec eux élargir le cercle dans lequel se meut l'autorité municipale en augmentant le nombre des objets que cette autorité a le droit de régler.

II

Il n'était pas possible que cette face de la question de la centralisation échappât à la commission de l'administration intérieure instituée au sein de l'Assemblée législative. M. de Vatimesnil, membre et rapporteur de cette commission, dut l'étudier dans un travail très-remarquable sur le livre Ier du projet de loi concernant les communes. Ses conclusions furent en faveur de la décentralisation. Il pose en principe qu'il faut laisser aux citoyens, pour le choix de leurs administrateurs municipaux, et à ces administrateurs, pour la gestion des affaires de la commune, toute la liberté compatible avec les intérêts généraux de l'État et avec la conservation du patrimoine de la commune. Dans quelle limite en fera-t-il l'application ?

Une disposition de la loi du 18 juillet 1837 classe les actes des conseils municipaux dans trois catégories différentes : 1° Les conseils règlent certains objets ; 2° ils prennent sur d'autres des délibérations qui ne deviennent exécutoires que lorsqu'elles ont été approuvées par l'autorité supérieure ; 3° ils sont appelés à ne donner qu'un avis sur une troisième classe d'affaires.

M. de Vatimesnil et avant lui le conseil d'État maintiennent cette distinction : ils reconnaissent

que si les conseils municipaux peuvent régler
certains objets d'un intérêt exclusivement communal qui n'engagent pas l'avenir, et dont la solution ne peut influer ni directement ni indirec-
tement sur les intérêts généraux du pays, il en
est d'autres plus graves, en ce qu'ils peuvent com-
promettre les ressources futures de la commune,
et en ce qu'ils se rattachent aux intérêts plus
généraux de l'État, sur lesquels ils doivent se
borner à prendre des délibérations dont l'exécution reste subordonnée à une approbation de l'autorité supérieure; ils reconnaissent enfin qu'il en
est d'autres plus graves encore, sur lesquels il ne
peut donner que son avis.

De la part de l'Assemblée législative et du conseil d'État de cette époque, cet aveu est important,
car il constate que la décentralisation ne consistera
que dans le plus ou moins d'élasticité donnée à
certaines dispositions de la loi de 1837, rien du
reste ne devant être changé à l'économie de notre
législation communale.

Le conseil d'État, appelé le premier à se prononcer sur ces questions de l'administration intérieure, n'introduisait que des innovations très-peu
importantes dans la loi de 1837. La commission de
l'Assemblée, exposant à son tour ses idées sur ces
matières, fut plus large que le conseil d'État : elle
ne pense pas qu'il y ait lieu d'innover relativement aux objets sur lesquels les conseils muni-

cipaux doivent donner un avis ; mais elle croit qu'on peut étendre le cercle des matières que les conseils municipaux ont le droit de régler et elle y introduit *sept objets nouveaux*, tels que l'affectation d'une propriété communale à un service, lorsque déjà elle n'est pas attachée à un autre service ; les circonscriptions relatives à la distribution des secours publics dans la commune ; l'aménagement des eaux appartenant à la commune ; les concessions de ces mêmes eaux pour une durée qui n'excède pas dix-huit ans, etc... Il est inutile d'ajouter que la commission maintient au préfet en conseil de préfecture le droit d'annuler, pour cause de *violation des lois oudes règle-ments d'administration publique,* les délibérations des conseils municipaux sur ces sept objets.

III

Voilà donc, dans la voie de la décentralisation véritable, les limites extrèmes que le conseil d'État et l'assemblée souveraine d'un gouvernement très-démocratique avaient cru pouvoir atteindre. Leurs travaux, leurs efforts ont eu pour résultat d'indiquer sept objets, bien peu importants lorsqu'on les analyse, que les conseils municipaux pourraient régler eux-mêmes, en outre de ceux si nombreux qu'ils règlent déjà.

IV

Si l'esprit novateur de ce temps ne crut pas pouvoir aller plus loin, c'est qu'il subissait la justesse de cette opinion « qu'en assurant aux communes une juste part dans la gestion de leurs intérêts, il faut conserver à la couronne la plénitude de l'action et la force dont l'ordre public a besoin (1). »

Ici se place une observation grave.

Notre droit municipal et départemental, cette assise de notre droit administratif, a été soumis à un examen sévère ; il est sorti vainqueur et fortifié de toutes les épreuves; il a triomphé des préventions et des utopies. On semble avoir reconnu dans tous les camps que la décentralisation se trouve, dans une juste mesure, dans l'intervention des citoyens, dans la gestion de leurs affaires par leurs conseils librement élus, et que la centralisation a sa part dans l'exercice d'une tutelle éclairée et bienveillante.

(1) M. de Martignac.

CHAPITRE IX.

I.

On a examiné jusqu'ici les questions de centralisation et de décentralisation d'après le caractère avec lequel elles se présentent dans la division actuelle de la France, et dans notre système d'administration : mais ces questions s'élargissant avec la base de l'organisation administrative, il est donc nécessaire do rechercher ce qu'elles deviennent dans les limites agrandies de la province.

Il est sage sans doute de suivre le développement des intelligences et des lumières chez nos administrateurs municipaux , et de mesurer la multiplicité et l'importance des attributions qui leur sont dévolues au progrès accompli par eux.... mais lorsque notre horizon s'élargit nous sommes

amené à constater que cette sorte de décentralisation n'est pas la seule que nous ayons à poursuivre, qu'il y en a une autre plus grande, plus
morale, plus politique, vers laquelle doivent
tendre tous les efforts. Cette autre décentralisation,
qui renferme en elle l'avenir d'une nation en tant
que nation, d'une société en tant que société,
que les gouvernés doivent réclamer sans cesse,
que les gouvernements doivent s'appliquer à réaliser chaque jour, c'est celle qui consiste à attacher l'homme au sol, une famille sur chaque par-
celle du sol: il est beau pour un peuple d'avoir
une grande histoire générale, il est utile pour les
citoyens d'avoir une longue série d'histoires locales et privées; si l'une fait la grandeur de la
nation, l'autre fait sa force.

II

Cette seconde face de la décentralisation n'est
pas la moins importante; car si la première doit
être renfermée dans des bornes indiquées par les
nécessités mêmes du gouvernement, la seconde,
au contraire, se développe dans un champ illi-
mité.

LIVRE DEUXIÈME.

LIVRE DEUXIÉME.

CHAPITRE PREMIER.

I

On peut dire de la décentralisation ce que Mme de Staël disait de la liberté : Ce n'est pas la décentralisation qui est moderne, c'est la centralisation qui est nouvelle.

Le sens que nous donnons à ces mots *centralisation* et *décentralisation* doit être bien déterminé, et le but que nous poursuivons par la décentralisation bien compris; nous entendons le mot de décentralisation dans un sens élevé : nous poursuivons par la décentralisation un grand résultat social.

Il n'est plus ici question de savoir si une autorisation portée par l'électricité sera nécessaire ou non pour ratifier un acte préparé par une commune; ce dont il s'agit, c'est que la vie de la société française ne soit pas concentrée dans un ville, dans une unique enceinte de murailles, c'est que cette société n'ait pas qu'une seule artère, de telle sorte que, la veine se brisant, les principes sociaux se répandent à terre, comme le contenu d'un vase fragile qui vole en éclats au moindre choc.

C'est à ce grand but que tend la décentralisation.

II

Le problème de la décentralisation, comme tous les problèmes sociaux, a deux faces, et il doit être envisagé sous un double point de vue, le point de vue moral et le point de vue matériel. J'appellerai décentralisation matérielle celle qui consiste à supprimer l'autorisation du ministre ou du préfet relativement à la validité de la délibération du conseil municipal : c'est celle que l'on vient d'examiner ; j'appellerai décentralisation morale celle qui aura pour but de développer dans les diverses fractions du territoire de la nation une vie propre, participant de la vie de la France, mais ayant cependant un caractère original et indépendant. Il est inutile de faire remarquer sa supériorité sur la première.

Or ces mérites précieux et rares, nous les trouverons dans la division provinciale, mais nous ne les trouverons que là.

La division départementale est trop faible, trop subordonnée pour jouer un rôle particulier et puissant : elle ne représente pas dans l'ensemble de la France l'importance et la force du chef-lieu de canton dans l'ensemble du département ; elle ne peut pas offrir un point d'appui pour prévenir une crise, et encore moins, la crise venue, peut-elle être un point de départ pour une ressource dans une catastrophe.

Au contraire, ces ressources nous les trouvons dans la province, qui puise une force sociale propre dans les grands corps développés dans son sein.

Ces corps sont politiques, judiciaires et scientifiques; ils répondent à tous les besoins sociaux et embrassent par cela même la société entière.

III

Je viens de prononcer un mot redoutable, celui de grands corps; ai-je besoin de réclamer l'indulgence pour ce mot, comme je l'ai fait pour plusieurs autres qui se sont déjà échappés de ma plume? Le siècle, qui a appliqué le nom de préjugés à tant de principes, et le nom de priviléges à tant d'institutions, oserait-il donc prétendre, par un privilége plus grand que ceux qu'il a combattus, n'avoir pas aussi ses préjugés? La Providence, plus équitable, a réparti également ses bienfaits sur les diverses époques de l'histoire de l'humanité : l'erreur n'a pas été le partage de dix siècles et des plus grands génies qui décorent la France, et la vérité le lot d'un petit nombre d'années et de quelques hommes. Non pas certes qu'il s'agisse de refaire le passé, mais nous serait-il donc interdit de lui demander ses leçons? Les philosophes interrogent chaque jour Socrate et Platon, les poëtes relisent sans cesse Homère et Virgile, les artistes étudient les débris des œuvres de Phidias et de Praxitèle, pourquoi en politique les traditions nous resteraient-elles fermées? Pour avoir fait la grandeur des temps qui ne sont plus, les grands corps ne sont dans le présent ni plus coupables, ni plus impuissants; empruntons-leur donc tout ce qu'ils peuvent donner de force, tout en les maintenant dans la condition que des mœurs nouvelles leur ont faites : singulière vengeance à tirer d'une institution que de se priver du bien qu'elle peut faire encore !

IV

Ces idées sont si justes, elles sortent tellement des profondeurs intimes du cœur, que des publicistes de toutes les écoles les ont adoptées et en ont fait une loi de leur système.

« Il faut attacher, dit un écrivain, les hommes aux lieux qui leur présentent des souvenirs et des habitudes, et, pour atteindre ce but, il faut leur accorder dans leurs domiciles, au sein de leurs communes, dans leurs arrondissements, autant d'importance politique qu'on peut le faire sans blesser le bien général... L'attachement aux coutumes sociales tient à tous les sentiments désintéressés, nobles et pieux... Qu'arrive-t-il aussi dans les États où l'on détruit ainsi toute vie partielle ? Un petit État se forme au centre ; dans la capitale s'agglomèrent tous les intérêts ; là vont s'agiter toutes les ambitions ; le reste est immobile. Les individus perdus dans un isolement contre nature, étrangers au lieu de leur naissance, sans contact avec le passé, ne vivant que dans un présent rapide, et jetés comme des atomes sur une plaine immense et nivelée, se détachent d'une patrie qu'ils n'aperçoivent nulle part et dont l'ensemble leur devient indifférent, parce que leur affection ne peut se reposer sur aucune de ses parties. (1). »

(1) Benjamin Constant.

CHAPITRE II.

Des grands corps de l'État.

Le Conseil de la province.— La Magistrature.— Les Académies.

§ 1er.

LE CONSEIL DE LA PROVINCE.

I

J'ai parlé de grands corps ; parmi ceux qui pourraient se mouvoir dans la division provinciale il faut mettre au premier rang : le conseil de la province, la magistrature, les académies. La politique et l'administration, les intérêts moraux et les intérêts matériels trouveraient place dans cette organisation.

Il y a des mots dont par pudeur nous ne devons

pas nous servir ; notre langue politique moderne
ne comporte plus ceux d'*Assemblées provinciales :*
ces mots impliquent la plus grande somme de
liberté et d'autorité qui ait jamais été accordée à
un corps élu. Je l'ai dit plus haut : la France
doit faire son deuil de semblables priviléges ;
elle en a repoussé l'octroi, elle ne les retrouvera
pas dans les constitutions qu'elle se donnera elle-
même. Donc aujourd'hui, plus modestes, conten-
tons-nous d'appeler notre premier grand corps :
Conseil de la province.

Ce conseil de la province, comme tous les conseils placés aux divers degrés de la division administrative de la France, serait le produit de l'élection : il puiserait dans son origine, dans le nombre
de ses membres, dans ses attributions et bientôt
dans les mœurs provinciales, une grande autorité ;
il embrasserait dans ses délibérations l'ensemble
des affaires générales de la province, tels que :
réseau de chemins de fer provincial, grands travaux d'assainissement et d'irrigation, règlement
des eaux, encouragements à l'agriculture et à
l'industrie, entretien des monuments historiques
de la province, encouragements aux sciences, aux
lettres et aux arts. Toutes ces questions sont senties au département, quelques-unes sont indiquées
dans son budget, mais leur multiplicité et leur
importance réclament les études d'un corps élevé
et les ressources d'un budget provincial.

Or, y a-t-il rien là qui puisse porter ombrage
aux partisans de l'unité et justifier leurs craintes
réelles ou affectées? S'il est une vérité incontestable, c'est que plus un corps est élevé, plus il
offre dans ses délibérations de garanties d'ordre :
la responsabilité est une grande loi. Pour qui
porte dans l'étude de ces questions un esprit libre
d'idées préconçues, le nouveau conseil ne sera
qu'une force mise au service des besoins généraux d'une vaste portion de l'empire, qu'un an-
neau destiné à rattacher plus étroitement au
centre les diverses parties de la France.

II

Toute idée rencontre des contradicteurs. M. de
Cormenin combat la reconstitution provinciale
au nom de la centralisation : je comprends
d'autant mieux qu'on repousse la division provinciale au nom de la centralisation, que c'est au
nom de la décentralisation que je la réclame.

Je craindrais d'être soupçonné d'affaiblir le raisonnement de M. de Cormenin en l'analysant, je
le reproduirai donc en entier : « Il ne faut pas, dit-
il, relever en face de l'Europe armée le nom, les
démarcations, les prétentions, les franchises et les
priviléges des anciennes provinces ; il ne faut pas
diviser pour régner, délier et épandre les fais-

ceaux du pouvoir, organiser des centres, des États dans l'État, et des volontés qui ne soient pas la volonté nationale ; il ne faut pas barrer avec les institutions du fédéralisme, patentes ou latentes, le courant impétueux et fort de la grande unité française. »

Ces objections ont déjà été discutées au titre de la province. Ici, comme dans les passages de ses écrits cités plus haut, M. de Cormenin sacrifie la pensée au jeu des mots. S'agit-il donc de diviser pour régner, de délier et d'épandre les faisceaux du pouvoir, d'organiser des centres hors du centre, des États dans l'État ? En matières judiciaires, militaires et d'instruction publique, les Cours impériales, les divisions militaires, les académies constituent-elles des centres hors des centres, et voyons-nous les faisceaux de l'instruction publique, de l'armée et de la justice, déliés et épandus ? Quant au fédéralisme, c'est bien là le rêve d'un autre temps, et qui imprime un cachet suranné à toutes les théories de M. de Cormenin.

III

Mais ces questions ont été si souvent discutées de notre temps, que la vérité s'est séparée de l'erreur et des préjugés des partis : bien des an-

nées ont passé sur les écrits de M. de Cormenin ;
d'autres écrivains après lui ont eu à s'expliquer
sur notre histoire et sur ses doctrines. M. Ch. Du-
noyer, dans un livre intitulé : *De la liberté du travail*, regrette la grande hécatombe de 1789 : « Les
provinces et les villes, dit-il, vinrent, par l'organe
de leurs députés, déposer aux pieds de l'Assemblée nationale leurs franchises, leurs chartes, leurs
capitulations, sans distinguer dans ces privilèges
ce qu'il y avait de pouvoirs sociaux qui devaient
faire retour à l'État, de ce qu'il y avait de pouvoirs locaux qui devaient leur rester, en se géné-
ralisant seulement davantage. » Des livres ces idées
passent dans les revues ; elles tendent à pénétrer partout, à s'abriter sous tous les drapeaux.
Hier encore, M. F. Passy, dans le *Journal des Éco-
nomistes*, cherchait à concilier l'unité française
avec les libertés provinciales. Il s'exprime en ces
termes : « L'unité nationale n'est pas l'ennemie
des libertés provinciales, mais leur lien ; et elle
ne les anéantit pas, mais elle les groupe et les
harmonise, comme le faisceau ne brise pas les
traits, mais les fortifie l'un par l'autre. »

Ces citations, multipliées à dessein, servent à
démontrer deux choses : la première, que les
idées qu'on vient de développer ne sont pas les
créations d'un esprit novateur par amour du
passé ; la seconde, qu'elles sont tellement dans
le courant des besoins de notre temps qu'elles se

reproduisent chaque jour sous toutes les formes, et sous la plume d'écrivains appartenant aux écoles les plus opposées.

Il n'est pas nécessaire de s'arrêter plus long-temps sur le conseil de la province ; chacun a pressenti l'importance d'un corps ainsi constitué et la grandeur de ses destinées.

§ 2.

LA MAGISTRATURE.

I

Parmi les corps appelés à naître ou à se développer avec la province, on a placé au premier rang la magistrature. Il ne saurait être question de transformer les Cours en parlements, mais de rendre à l'administration de la justice le rang élevé qu'elle doit occuper.

On n'a pas oublié le mot de M. de Cormenin et sa persistance à voir dans les magistrats, moins des juges que des distributeurs d'une jugerie temporaire.

II

M. de Cormenin a calomnié la magistrature et l'empire.

En France, les Cours sont fortes; toutes renferment un grand nombre d'hommes distingués; parmi ces derniers on en rencontre quelques-uns qui unissent le talent littéraire à la dignité de la vie et aux connaissances spéciales, qualités qui réunies font le grand magistrat. Il faut utiliser ces précieux éléments.

Loin de songer à affaiblir l'autorité de la justice par la diminution du nombre des magistrats, il conviendrait d'augmenter leur autorité en élargissant le cercle de leurs attributions.

On ne glisse jamais que sur une pente; de nos jours, par suite de l'importance que le développement de toute chose a donnée à l'administration proprement dite, et aussi par la facilité que le pouvoir a à obtenir d'elle des solutions faciles pour toutes les difficultés, on se laisse aller à augmenter les attributions de l'administrateur et à lui conférer une autorité qui n'est pas toujours de son ressort

Peut-être le moment n'est-il pas venu d'énumérer tous les intérêts dont le soin serait utilement remis aux Cours impériales; signalons cependant ce fait, c'est que de toute part on réclame pour la presse la garantie de la libre défense et des arrêts. Les Cours pourraient être appelées en ces matières à rendre un immense service au gouvernement : d'une part en le soulageant du poids bien lourd de la responsabililé; d'un autre côté, en imprimant aux mesures les plus rigoureuses ce caractère de justice que des arrêtés administratifs, quelque légitimes qu'ils soient, ne portent jamais avec eux : les actes de l'administration ont toujours un cachet de toutepuissance et d'arbitraire qui communique la crainte plutôt qu'il ne commande le respect; les décisions de la magistrature seules portent ce caractère de justice devant lequel s'incline l'opinion publique, même lorsqu'elle leur est hostile.

Il y aurait dans l'intervention de la magistrature dans ces questions politiques une véritable force pour le gouvernement; il se reposerait des luttes stériles qu'il livre sans relâche, et il ne verrait plus s'élever contre lui une opinion ballottée d'avertissements en amnisties et d'amnisties en avertissements. Il y aurait là en même temps pour les Cours un travail sérieux et une grande source d'autorité.

III

Il conviendrait donc, en même temps qu'on développerait leur force par l'élévation et l'étendue de leurs attributions, d'augmenter leur importance par l'accroissement du nombre des magistrats qui les composent. Qu'importe qu'il y ait dans cette région quelques affaires de plus ou de moins! Qu'importe qu'ici des esprits plus vifs expédient les affaires avec plus de rapidité que dans le ressort voisin! La gravité de la justice, la dignité de la magistrature, s'accommodent-elles de ces arguments? La statistique ne doit pas décider dans ces questions toutes morales; et puis ses données sont-elles donc toujours justes? Est-il possible de faire passer sous le même niveau l'esprit et les coutumes du Nord, l'esprit et les coutumes du Midi? Il y a des Cours où l'avocat plaide longuement, où le magistrat juge lentement, où la science et l'art de bien dire ne sont pas seulement des traditions; on aime à penser que ces Cours ne sont pas les moins fortes. Quand on se plaît à entendre la vraie science, c'est qu'on la possède. On comprend difficilement que de pareilles préoccupations aient pu pénétrer dans la chancellerie, et qu'un garde des sceaux de France, qu'un héritier de la charge

de l'Hôpital ait cru de son devoir d'établir une
règle de proportion entre le nombre des magistrats et celui des procès. La magistrature ne vaut
pas par le nombre des causes jugées, mais par la
bonté de ses arrêts et la dignité de son attitude.
La mission du magistrat n'est pas terminée quand
il a jugé; descendu de son siége, il doit encore à
ses concitoyens, en dehors du devoir de sa charge,
des travaux sérieux, l'influence de son caractère
et l'exemple de sa vie.

En diminuant le nombre des magistrats dans
certaines Cours, on n'a fait qu'affaiblir le prestige
déjà trop affaibli de l'autorité judiciaire, et par
conséquent occasionné dans le gouvernement une
déperdition de forces.

IV

Mais ce n'est pas seulement quant au nombre
des magistrats qu'il faut fortifier les Cours; il y a
une mesure très-grave qui doit être rapportée.
L'inamovibilité a été, dans tous les temps, le
grand principe de la magistrature française et une
des sources les plus vraies de sa grandeur et de
son autorité. Qu'a-t-on gagné par le décret de
mise à la retraite qui découronne les Cours, sinon d'attiser l'ardeur des compétitions et de sol-
liciter les passions mauvaises?

V

Un autre péril qui menace la magistrature, c'est l'ubiquité de ses membres.

Soit nécessité de situation, soit recherche de nouveautés, les pouvoirs récents ont, en général, une tendance à déplacer les hommes : pour certains emplois qui n'ont qu'un caractère d'utilité matérielle, cela importe peu ; il en est autrement des fonctions qui ont un côté moral, ainsi de la magistrature.

Les gouvernements ne paraissent pas s'apercevoir qu'un magistrat enlevé à son pays natal et transplanté au loin perd une partie de sa valeur morale, et qu'il ne pourra donner à ses fonctions que cette science vulgaire qu'il porte avec lui. Quant à l'autorité qu'il devait à une longue habitude, à ses traditions de famille, à des services gratuits rendus à la ville où il est né, il la perd complétement avec son antique droit de cité ; c'est pour lui une valeur à refaire, et comme elle n'est que l'œuvre lente et modeste du temps, qu'elle ne se crée pas, comme la réputation de bravoure, par des actions d'éclat, sa vie se consume avant que le magistrat exilé ait pu reconquérir cette position qui lui a marqué une place à part dans les rangs des fonctionnaires de l'État.

Cette cause d'infériorité n'est pas la seule qui poursuive le magistrat voyageur.

Le temps modifie bien des choses : l'estime chez le magistrat se donnera désormais plus à l'homme, à sa famille, à ses traditions, qu'à ses fonctions; de là le peu de considération qui s'attache au magistrat ubiquiste et par suite au corps entier, quand cette espèce de magistrat menace d'y dominer. Travaillez à fonder des familles locales, et la magistrature se prêtera merveilleusement à cette œuvre, et vous ferez de la vraie décentralisation; au contraire, toutes les fois qu'un gouvernement fera courir ses fonctionnaires du nord au sud, de l'est à l'ouest, vainement il fera des lois sur la décentralisation; il brise les liens sociaux, et il fait de la centralisation de la pire espèce.

Du reste, une longue expérience a démontré la supériorité des magistrats appartenant à la localité, sur ces magistrats étrangers auxquels souvent on ne confère de hautes positions au loin que par l'impossibilité où se trouvent la faveur et l'omnipotence de les leur confier dans les contrées où ils sont connus. Qui n'a conservé le souvenir des grands présidents, des procureurs généraux illustres, nés, élevés, grandis sous les yeux de leurs concitoyens, orgueilleux de ces vrais fils de la province?

De toutes les atteintes portées à la magistrature, l'ubiquité est la plus redoutable; le mal est fait quand le pouvoir reconnaît son erreur : elle détruit le corps et l'esprit de corps, et elle ne tardera pas à faire du magistrat un employé de l'administration de la justice.

VI

Ce que j'ai dit de l'ubiquité à propos du magistrat s'applique aussi à certains fonctionnaires d'un autre ordre.

Aujourd'hui on verrait presque avec étonnement de modestes emplois de finances venir adoucir dans des villes un peu importantes la pauvreté honorable d'anciennes familles, ou récompenser de nobles esprits, et leur permettre de se livrer à des travaux littéraires destinés à répandre en éclat sur leur ville natale plus qu'ils n'auront reçu d'elle en fortune! Cependant, quoi de plus généreux, de plus sage et de plus moral qu'une pareille distribution des fonctions publiques?

Ces bonnes coutumes disparaissent chaque jour. Naguère encore, dans les chefs-lieux de département, on conférait à des avocats qui avaient bien vécu, et à titre de retraite, une partie des places de conseillers de préfecture; chacun gagnait à cela : l'homme honnête honorablement soutenu jusqu'à la fin de sa carrière; l'administré, qui recevait avec confiance la décision qu'il avait sollicitée; le premier administrateur du département qui, par les nombreuses relations de ses vieux collaborateurs, pénétrait dans toutes les couches d'une société qui, sans cette collaboration, lui seraient demeurées inconnues. Bientôt il ne restera de ces anciennes pratiques administratives qu'un souvenir.

VII

Si je me suis arrêté longtemps sur cette organisation de la magistrature française, c'est que je la considère comme un des éléments les plus puissants et les plus féconds de la décentralisation.

Ainsi constituée, la magistrature redeviendra un corps dans l'État; elle y reprendra sa place et y rétablira son influence; elle ne sera plus un pouvoir, parce qu'elle n'aura pas cette part d'action directe qui constitue le pouvoir, mais elle interviendra dans le gouvernement de la société par l'autorité la plus grande, celle qu'avant tout il faut reconstruire, par l'autorité des mœurs.

En France, grâce à l'organisation que la magistrature a reçue, grâce aussi au caractère élevé et aux lumières de ses membres, les compagnies ont conservé avec fidélité les traditions et transmettent intact le dépôt qu'elles ont recueilli. On peut donc espérer que la division provinciale, en leur donnant une consécration nouvelle et en les ramenant, dans des limites sagement déterminées, vers leur ancienne origine, ajouterait à leur grandeur.

Quand chaque province aura sa Cour fortifiée par les attributions politiques qui lui auront été données; quand l'inamovibilité rétablie aura purifié le caractère de la magistrature et élevé dans son sein le niveau de la considération et du talent; quand le magistrat cessera d'être enlevé à sa famille, à ses relations, à ses traditions et à ses espérances; quand il ne sera plus un fonctionnaire errant toujours préoccupé de tourner sa voile au vent de la faveur et de l'ambition; quand chaque famille pourra prendre racine dans le sol qui la porte; quand chaque génération pourra engraisser ce sol du produit de ses labeurs ou l'orner de l'éclat de sa dignité acquise, un grand pas sera fait dans les voies de la stabilité et de la décentralisation. Ce que le peuple recherche dans ses magistrats, ce qu'il aime, ce qu'il respecte, c'est ce côté moral qui s'attache à l'uniformité dans une vie honnête.

§ 3.

LES ACADÉMIES.

I

Les sciences, les lettres et les arts occupent une grande place dans une civilisation avancée. A cet âge de l'humanité, les œuvres de l'esprit ne sont plus, comme chez les sociétés dans leur première jeunesse, à l'état d'inspirations individuelles; elles descendent dans la vie de chaque jour, et, par suite de l'égalité dans l'éducation, qui permet à tout homme de prendre sa part des jouissance intellectuelles, elles pénètrent dans chaque foyer : de là leur autorité véritable dans la société; de là, l'influence qu'elles sont appelées à exercer sur les hommes.

Qui pourrait dire à quel degré de développement elles pourraient arriver sous l'empire de la division provinciale? Elles deviendraient évidemment un des instruments les plus actifs de la véritable décentralisation; par eux, la province prendrait avec une originalité propre son rang dans l'État.

Dans cette voie, la liberté de la pensée ne me-

nace pas l'unité nationale : elle ajoute à l'éclat des
plus pures et des plus solides gloires.

II

A côté des corps politiques viendront donc se
placer dans la province les corps littéraires, les
académies : ayant désormais une fonction sociale,
une place marquée dans les institutions du pays,
ils auront une importance qu'ils ne sauraient conquérir dans leur isolement actuel. Fractionnés à
l'infini, sans lien entre eux, abandonnés le plus
souvent des autorités locales et obligés de leur dis-
puter un asile, sans budget pour leurs collections,
ne vivant que des efforts individuels de leurs
membres et de leur culte pour les choses intellectuelles, on s'explique difficilement qu'ils puissent triompher de tant d'obstacles, et par les
travaux qu'ils accomplissent dans ces conditions
difficiles, on peut tout espérer d'eux lorsqu'ils
seront placés dans des situations plus favorisées.

Si donc la division provinciale doit favoriser le
développement particulier et original des sciences,
des lettres et des arts, en retour, ce mouvement
favorisera le développement de la vie provinciale
et assurera le triomphe de cette décentralisation
au fond, si préférable à celle qui n'a que la forme
pour objet.

CHAPITRE III.

——

Continuation du même sujet.— D'une circulaire du ministre de l'intérieur en 1860 (1).— D'un règlement ministériel en 1824.

I

On peut désormais embrasser l'ensemble de notre doctrine sur la décentralisation administrative et compléter sa définition.

La décentralisation administrative consiste dans la création de centres ayant une vie propre, ayant leurs intérêts spéciaux, leur budget, le tout administré, sous la surveillance du gouvernement, par des conseils librement élus. Toutefois, si la plus grande manifestation de la décentralisation est dans la province, sa base est dans la commune, parce qu'il y a là non-seulement un centre ayant une vie propre, ses intérêts, son budget, son conseil, mais aussi parce que le chef

(1) Voir *Pièces justificatives,* n° 6.

de la commune, le maire, participe du principe électif.

Le maire est, dans notre organisation politique, le seul fonctionnaire possédant l'action, à la nomination duquel les citoyens ont été appelés jusqu'à ces derniers temps à prendre part d'une manière directe.

II

A tous les âges de notre histoire le peuple a participé à la nomination des officiers de la commune. Saint Louis lui avait conféré cette faculté par une ordonnance générale pour tout le royaume.

Ce droit, comme tant d'autres droits, a été exposé à bien des vicissitudes. Il se vit menacé notamment dans les temps de révolutions politiques ou de désordres financiers ; toutefois, en principe, le droit des citoyens n'était pas contesté, et la législation moderne paraissait l'avoir consacré sans retour.

Cependant des événements récents imposèrent au pouvoir la nécessité, sinon de détruire ce principe, du moins de prendre des mesures qui lui permissent, dans des circonstances données, de le laisser sommeiller. Dans la constitution des 14-22 janvier 1852, sous le titre VIII et sous cette rubrique : *Dispositions générales et transitoires*, on

lit un article ainsi conçu : « Une loi déterminera l'organisation municipale; les maires seront
nommés par le pouvoir exécutif, et *pourront* être
pris hors du conseil municipal. »

La loi annoncée par la constitution ne fut pas
faite immédiatement, et lorsque, quelques mois
après la mise en pratique de cette constitution, on
dut procéder au renouvellement des conseils généraux, des conseils d'arrondissement et des
conseils municipaux, il fallut avoir recours à une
loi transitoire. Cette loi, qui porte la date des
7-8 juillet 1852, contient dans son article 8 la
disposition suivante : « Les adjoints *peuvent* être
pris, comme les maires, en dehors du conseil municipal. » Enfin vint la loi définitive sur *l'organisation municipale;* elle est à la date des 5-9 mai 1855;
elle reproduit textuellement dans son article 2
l'article 8 de la loi transitoire. « Les adjoints, y
est-il dit, *peuvent* être pris, comme le maire, en
dehors du conseil municipal. » Cette loi n'avait
pas à s'occuper des maires, dont la situation avait
été réglée par la constitution.

Tel est l'état de la législation qui régit aujour-
d'hui cette grave matière.

Les dispositions de cette dernière législation
portent l'empreinte des nécessités politiques et
de difficultés qu'on a dû prévoir; on ne déroge
pas en principe à l'ancien droit, on le respecte;
seulement, et pour des circonstances exception-

nelles, on statue que les maires pourront être
pris hors du conseil municipal; plus tard cette
faculté s'étendra aux adjoints. Les expressions
mêmes de la constitution sont reproduites dans
les lois subséquentes.

Qu'advint-il de cette législation? Les circonstances exceptionnelles ne se produisant pas,
on la laissa sommeiller, et les maires et les adjoints continuèrent à être nommés par le pouvoir,
mais choisis parmi les conseillers municipaux
élus par le peuple. Huit années s'écoulèrent
ainsi.

Cependant, le 7 août 1860, à l'occasion des élections municipales qui allaient avoir lieu, M. le
ministre de l'intérieur adresse aux préfets ses instructions sous la forme habituelle d'une circulaire. Après avoir tracé la ligne de conduite qu'il
désire voir suivre en cette circonstance par les
agents du gouvernement, il ajoute :

« Les maires *étant de droit* membres des con-
» seils municipaux, vous les inviterez à ne pas
» se porter eux-mêmes candidats : ils trouveront
» dans cette abstention le double avantage de
» laisser une place de plus à l'élection, *et de puiser*
» *dans leur indépendance plus de force pour dominer les*
» *rivalités* vis-à-vis desquelles ils seront person-
» nellement désintéressés... »

Si je m'arrête sur cet acte et si je le juge
avec indépendance, ce n'est pas seulement parce

que, à mon avis, il consacre une erreur, mais aussi parce qu'il est l'œuvre sincère d'un homme d'État qui en l'accomplissant n'a cru tirer que les conséquences d'un système d'administration, tandis qu'il érigeait l'exception en système.

III

Les principes ont une logique inflexible, et il y a dans les choses une force à l'action de laquelle l'homme peut difficilement se soustraire : l'esprit humain repasse plus souvent qu'il ne pense dans les voies du passé ; il a la prétention d'éviter les fautes d'autrefois, mais le même vent pousse sur les mêmes écueils. La circulaire de M. Billaut nous a rappelé ce passage d'un mémoire adopté en 1800 par un conseil d'arrondissement à propos des théories administratives de l'an VIII : « On est revenu à ces théories d'uniformité qui, dans l'administration comme à l'armée, facilitent le commandement et la discipline, et pourtant sur le mérite desquelles Montesquieu élève des doutes en disant qu'elles saisissent quelquefois les grands esprits et qu'elles frappent infailliblement les petits... Dans le plus grand nombre des villes, la direction des affaires communes est bien placée entre les mains des notables, sous la simple surveillance d'une autorité supérieure ; on y trouve toute la capacité nécessaire pour gérer sagement des intérêts qui ne sont ni fort étendus ni fort compliqués. Mais il ne faut pas oublier que, si la municipalité est un pouvoir constitué, la commune est le pouvoir constituant : à cet égard, nous aimons à croire que si la loi nouvelle n'admet les communes à aucun droit de nomination ni de présentation de leurs officiers municipaux, ce n'est qu'une mesure transitoire et seulement pour donner aux flots révolutionnaires le temps de se calmer. » Cependant M. le ministre de l'intérieur présente, en 1860, sa mesure comme un progrès, et la motive sur l'admirable calme de la mer du suffrage universel.

IV

L'acte de M. Billaut est assurément le plus grave qui ait jamais été accompli par une simple circulaire ministérielle, forme d'instruction privée du chef à son subordonné ; peut-être serait-il également vrai de prétendre qu'il est l'acte le plus grave qui se soit produit de notre temps, depuis le 2 décembre 1851. Les maires, dit M. Billaut, sont *de droit* membres des conseils municipaux. Il est évident que l'expression a été plus loin que la pensée du ministre : les maires, en effet, peuvent être élevés, en dehors de toute élection, au titre de conseillers municipaux; mais, pour cela, il faut qu'il convienne au chef de l'État d'exercer en leur faveur une faculté qu'il s'est expressément réservée. Le maire, continue le ministre, nommé directement par le pouvoir, en dehors du conseil élu, puisera *plus de force dans son indépendance ;* mais de quelle indépendance s'agit-il donc d'armer les maires vis-à-vis de leurs anciens collègues du conseil municipal, et comment n'a-t-on pas compris que, si dans ce système on rend le maire plus indépendant vis-à-vis des conseillers municipaux à la volonté peu redoutable et aux passions peu énergiques, on le rend plus dépendant vis-à-vis du pouvoir qui l'a nommé et duquel il tiendra désormais exclusivement son autorité? Nulle mesure ne nous paraît plus contraire à toute idée de décentralisation, au principe même de décentralisation tel qu'il est compris par le décret du 25 mars 1852, et en même temps au principe de notre droit public municipal.

V

Si on l'envisage au point de vue de la décentralisation, telle qu'elle est entendue par le décret du 25 mars, ne peut-on pas dire que cette mesure ajoute encore à l'ancienne centralisation et en resserre les ressorts? Les affaires, en effet, se traitaient autrefois entre le maire, fonctionnaire mixte, tenant son pouvoir de ses concitoyens et du choix de la couronne, et le préfet ou le ministre, agents de l'autorité centrale; désormais tout se traitera entre le préfet, représentant direct du pouvoir et son mandataire, et le maire, autre représentant et autre mandataire du même pouvoir. Que deviendra dans ce concours, car je n'ose pas dire dans ce débat de deux volontés, le principe de la décentralisation?

Sous le rapport de l'ordre public cette mesure n'offre pas un caractère moins grave. Qu'était-ce que le maire tel que l'avait fait la législation de 1830? C'était un lien qui unissait l'administrateur à l'administré, l'État au citoyen. Dans les circonstances difficiles, dans les crises que chaque jour amène, le maire était un intermédiaire honoré et toujours écouté. Il ne saurait plus en être ainsi avec le système de la circulaire du 7 août; elle a semé un germe d'antagonisme entre le maire et les populations, et le maire d'une ville importante, selon le système nouveau, ne sera dans sa commune qu'un fonctionnaire assez semblable à un sous-préfet amoindri. Évidemment le ministre, en écrivant cette circulaire, se préoccupait plus de commandement et de discipline que d'indépendance.

Ce n'est pas sans causer un douloureux étonne-

ment que cette pièce est tombée au milieu de la
société française.

On peut en politique sinon admettre, du moins
comprendre beaucoup de choses; cependant l'esprit saisit difficilement le sens d'une mesure
aussi grave lorsqu'elle n'est commandée par aucune exigence de situation, par aucune nécessité
d'ordre public. Un mécanicien habile ne tend pas
inutilement un ressort. Que le pouvoir, dans
une crise, cherche à tourner un obstacle qu'il dé-
sespère de vaincre, ou que, dans un intérêt de
paix intérieure, il n'ose aborder de front, on le
conçoit; mais qu'en pleine paix, qu'au milieu
d'une quiétude que, dans la société, aucun scrutin ne trouble, on jette une mesure à peine bonne
à titre d'expédient, oh! alors, la pensée s'agite,
redoute une situation grave, et cherche autour
d'elle, dans un désordre qu'elle n'aperçoit pas,
mais qu'elle suppose, la cause d'un acte que n'ex-
pliquent ni le passé ni le présent.

Les mêmes causes produisent, dit-on, les
mêmes effets; dans tous les temps les mêmes
actes ont provoqué les mêmes réflexions; celles
qui précèdent ne sont pas modernes.

Vers le milieu du xviiie siècle, le marquis d'Argenson les exprimait déjà dans ses *Considérations
sur le gouvernement de la France*, lorsqu'il disait
dans son style énergique : « Il faut que les diffé-
rents corps de citoyens puissent s'assembler, se

concilier et agir avec une certaine indépendance. Voilà ce qui a produit dans les États ce qu'on appelle le *droit de commune*, les officiers municipaux ou populaires, véritable démocratie qui réside au milieu de la monarchie.

» Le peuple est naturellement porté à la licence, et en cela il est ennemi des rois. Cependant a-t-il jamais détruit ou affaibli la monarchie quand on lui a permis d'avoir ses officiers?.. » Puis il ajoute dans un langage que nous n'imiterons pas, mais que nous sommes obligé de reproduire : « C'est par exemple un monstre indéfinissable, qu'un maire et un échevin vénal et officier du roi. Il doit être homme du peuple ou il n'est rien. »

Il y a plus d'un siècle que le marquis d'Argenton exposait cette théorie; on était bien loin alors de la doctrine de l'indépendance des maires telle qu'elle est entendue de nos jours.

En fait, l'innovation du 7 août est malheureuse; en droit elle est plus malheureuse encore.

VI

Il y a des questions qui ont été trop débattues pour qu'il ne soit pas resté au fond de tant de discussions des principes consacrés qui doivent être considérés, même en dehors de la loi, comme le droit de la France.

En la matière qui nous occupe, le savant Henrion de Pansey a recueilli les principes dans son très-remarquable écrit intitulé : *Du pouvoir municipal*, publié en] 1822. La date est remarquable, car elle est parmi nous celle de la renaissance du droit municipal.

« Le maire, dit Henrion de Pansey, a comme officier municipal des fonctions qui lui sont propres; mais ces fonctions se combinent avec des attributions administratives et judiciaires.

» Envisagés sous ces trois points de vue, les maires sont tout à la fois les mandataires de leur commune, les agents de la loi et les délégués du gouvernement.

» Mais la réunion de ces fonctions diverses ne peut s'opérer, soit par la seule volonté du gouvernement, soit par le fait seul des communes, sans mettre en opposition deux principes auxquels *il est également impossible de porter la plus légère atteinte.*

» Et d'abord le simple bon sens dit que le maire ne peut être choisi que par les habitants; et cela par un motif qui frappe les entendements les plus communs; c'est que le mandataire et le mandant sont des corrélatifs nécessaires, et qu'il répugne aux notions les plus simples que celui qui n'a reçu aucun mandat d'une commune stipule en son nom, s'en dise l'agent et le mandataire. D'un autre côté, la charte constitutionnelle dispose que le roi seul nomme à tous les emplois de l'administration publique.... »

Il conclut de là que le maire doit être choisi par le gouvernement sur la liste des officiers municipaux nommés par les habitants légalement réunis en assemblée électorale; que dans ce système il sera vrai de dire que « l'administrateur est choisi par le gouvernement, et que le maire tient le pouvoir municipal du choix de ses concitoyens. »

Ces principes de Henrion de Pansey avaient jusqu'à ce jour passé dans la loi municipale, comme les savantes dissertations de Pothier sont devenues des articles du Code civil.

VII

Les travaux de Henrion de Pansey n'étaient pas isolés; MM. Duvergier de Hauranne et de Barante joignaient leurs voix à la sienne : le premier estime que les maires doivent être nommés par le roi sur la présentation en liste triple par le conseil municipal; M. de Barante est plus explicite : « Il s'agit de savoir, dit-il, qui des électeurs de la commune, ou du préfet, fera au roi les indications les plus raisonnables et les plus sincères;

il s'agit de savoir s'il sera permis au préfet de commettre la faute grave de mettre à la tête d'une commune l'homme dont elle ne se soucie point.... C'est
dans le contrôle du conseil municipal que le maire
doit trouver son contre-poids. Pris dans son sein,
et désigné par les suffrages du peuple au choix du
roi, son autorité aura sans cesse besoin de se conserver cet appui; il se sentira porté à cultiver
cette popularité qui est le plus beau lustre et la
plus belle récompense de sa magistrature. »

Ce n'est pas impunément que les principes sont
mis à l'écart. M. Royer-Collard ne comprenait
pas qu'on pût commettre un plus grand attentat
contre une société, que de laisser les droits en
ruine. L'exil qui frappe les principes est plus
dangereux que celui qui n'atteint que les citoyens.
De gré ou de force, par lassitude ou par oubli,
une nation le supporte en silence; mais ce silence
ne dure qu'un temps, et c'est avec effroi que le
pouvoir, qui a fait lui-même ce silence, constate
un jour que les choses sont arrivées à cet état,
« où le repos et le bien-être n'excitent plus aucune reconnaissance et ne promettent aucune sécurité (1). »

Cependant, le savant président de la Cour de
cassation et les publicistes qui lui font cortége
n'étaient que l'écho de leur époque. La science

____

(1) M. de Barante.

du grave magistrat, la polémique des écrivains, les instructions des ministres de la royauté d'alors semblaient découler de la même source et inspirées par le même esprit.

Vers le temps où M. Henrion de Pansey dogmatisait, l'homme d'État qui gouvernait en France, le ministère de l'intérieur, faisait descendre les mêmes principes dans l'application ; il les déposait dans de modestes circulaires qui sont restées de grands monuments. L'administration des communes, leur prospérité, étaient la constante préoccupation du gouvernement de la Restauration ; il poursuivait en cela deux buts : panser les blessures profondes d'un quart de siècle de révolution et de guerre, et implanter dans la commune les bases mêmes de la force.

VIII

Au mois de septembre 1824 parut un règlement ministériel destiné à déterminer les limites de l'autorité préfectorale en ce qui concerne l'administration des communes ; on lit dans ce document le passage suivant :

« Afin que les préfets et les sous-préfets jugent bien de leurs positions envers les communes, il leur importe de se persuader qu'elles ne sont pas seulement une fraction administra-

tive ; qu'elles ont une existence qui leur est propre ; qu'elles sont constituées aux yeux de la loi
comme autant de personnes civiles ; que le gouvernement n'a à leur égard qu'un droit de tutelle ;
qu'il n'exerce sur leur administration qu'une action de contrôle ; que par conséquent les préfets
et sous-préfets ne sont point investis de cette
administration, qu'ils n'en ont que la surveillance, qu'ils ne peuvent faire par eux-mêmes
aucun acte du pouvoir municipal placé sous leur
autorité sans en faire partie, et dont l'exercice
appartient exclusivement aux maires et aux conseils municipaux, selon l'ordre de leurs attributions. Il est d'autant plus essentiel d'observer ces
limites, qu'elles touchent à des intérêts plus
nombreux, et qu'on doit principalement attribuer
les plaintes qui se sont élevées sur le régime
communal à ce que ces limites n'ont point été
assez respectées par le précédent gouvernement,
qui a laissé après lui, dans la marche des affaires, une impulsion dont on n'est pas encore
suffisamment revenu. En cela, comme en toutes
choses, il tendait sans cesse à l'arbitraire. Le pouvoir légitime ne doit tendre qu'à ce qui est lé-
gal, juste et régulier ; il veut que les communes
soient bien administrées, mais il le veut pour
elles, pour leur prospérité, pour leur satisfaction ;
et il serait contraire à ses vues de ne point leur
laisser, dans la gestion de leurs affaires, toute la

liberté qui peut se concilier avec les garanties qu'elles exigent. Cette liberté n'exclut point les règles, ou plutôt elle ne peut exister qu'avec elles et par elles. »

De nos jours, bien des hommes ont écrit l'histoire contemporaine à des points de vue divers; l'un s'est attaché à la description des batailles, un autre s'est proposé pour but spécial la peinture des luttes parlementaires; nul jusqu'ici ne semble s'être préoccupé suffisamment de cette histoire de l'administration qui est l'histoire intérieure de la nation. Nous nous estimons heureux de rencontrer sur notre passage et de remettre en lumière la belle page qu'on vient de lire. Quelle sollicitude respectueuse et tendre pour les communes! Il y a dans ce noble langage, vertu rare, de la sincérité dans le bien. Justesse dans les principes, sagesse et pénétration dans les vues, élévation dans la pensée, simplicité pleine de grandeur dans la forme : tous les genres de mérite se trouvent réunis dans cette pièce. C'est bien là la décentralisation véritable et pratique. On y relève la situation de la commune, et le gouvernement lui-même pose à son autorité des limites que ses agents ne devront pas franchir.

CHAPITRE IV.

De l'influence des mœurs sur la centralisation.

I

Ainsi que nous l'avons vu en traçant l'histoire du département, la décentralisation s'est opérée de 1800 à 1814 par la force des choses, par des usurpations sur le pouvoir et par une série des déviations du système de l'an VIII.

Elle s'est opérée de 1814 à 1830 par le développement incessant et progressif de l'esprit que le gouvernement de la Restauration porta dans l'administration.

Elle s'est opérée de 1830 à 1848 par la législation et l'accord des pouvoirs.

Aujourd'hui on parle beaucoup de décentralisation, mais les tentatives qui ont été faites pour arriver à ce résultat sont peu heureuses. Le décret du 25 mars 1852, celui du 12 avril 1861 et la circulaire de M. Billault du 7 août 1860 resserrent les chaînes de la centralisation, au lieu de les briser ou seulement de les détendre.

Il faut donc reprendre l'œuvre arrêtée à la législation de 1837, c'est-à-dire décentraliser par une nouvelle division administrative du territoire et notamment par l'organisation provinciale.

II

La décentralisation est plus l'œuvre des mœurs que celle des lois. Vainement le législateur s'appliquera-t-il à faire des lois sur la décentralisation: ces lois, même strictement appliquées, s'arrêteront à la forme, et leur action ne se fera sentir que sur l'épiderme de la société, s'il n'entre pas dans les vues du gouvernement de développer loyalement le principe de la décentralisation. Il n'en est pas de l'ordre administratif comme de l'ordre judiciaire : un gouvernement saura toujours se mouvoir à l'aise au milieu des règles de l'administration civile; la décentralisation, quoi qu'on fasse, est dans la manière de gouverner.

Il suit de là que l'inauguration du régime de la décentralisation ne peut pas porter la date de la promulgation d'une loi, et que son influence ne peut se faire sentir que lentement et par ses effets. Tous les moyens de décentralisation ont le même caractère; les grands corps appelés à jouer

un rôle puissant dans la société en reformant les
mœurs publiques altérées, porteront des fruits,
mais ces fruits mûriront lentement et ne se cueil-
leront que tard.

III

Que ceux qui ne reconnaissent ni l'autorité ni
l'utilité de la tradition repoussent ces idées, car,
même lorsqu'elles paraissent empreintes d'un esprit nouveau, elles ont pour principe et pour
base les épreuves du passé.

FIN.

PIÈCES JUSTIFICATIVES.

PIÈCES JUSTIFICATIVES.

I

(TOME 1er, PAGE 54.)

Rapport sur l'instruction primaire (1).

Afin de vous permettre de décider cette grave ques-tion avec maturité (2), j'ai pensé qu'il était de mon devoir de vous présenter un tableau complet des développements de l'instruction primaire dans l'Indre depuis 1789 jusqu'à nos jours : les grandes périodes politiques de notre histoire contemporaine m'ont indiqué naturellement les divisions de mon travail; j'ai cherché à déterminer l'état de l'ins-truction primaire sous la République, sous l'Empire, sous la Restauration et depuis 1830.

(1) Le rapport que l'on place ici, lu le 26 août 1860 au Conseil général du département de l'Indre, avait été préparé à l'occasion de la loi du 15 mars de la même année. Il a semblé qu'en dehors de la justification d'une opinion émise, il pouvait avoir un intérêt historique et répandre quelque lumière sur la législation de 1833.

(2) Il s'agissait de la conservation de l'École normale supérieure.

Les diverses questions que j'ai traitées se groupent dans les divisions suivantes :

CHAPITRE PREMIER.

État de l'instruction primaire dans le département de l'Indre.

§ Ier.

PREMIÈRE PÉRIODE. — *Etat de l'instruction primaire de 1789 à l'an IX.*

§ II.

DEUXIÈME PÉRIODE. — *De l'an IX à 1815.*

§ III.

TROISIÈME PÉRIODE. — *De 1815 à 1830.*

§ IV.

QUATRIÈME PÉRIODE. — *De 1830 à 1848.*

CHAPITRE II.

Situation morale et intellectuelle. — Esprit des instituteurs.

CHAPITRE PREMIER.

—

État de l'instruction primaire dans le département de l'Indre.

§ Ier.

PREMIÈRE PÉRIODE. — *De 1789 à l'an IX.*

Il résulte d'un document ancien, mais authentique, que, en 1789, le chiffre de la population du département de l'Indre s'élevait à 195,986 habitants, et que sur ce nombre 9,665 savaient lire et écrire.

A cette époque, l'instruction était donnée dans la province du Berri par l'universalité, le collége et les séminaires de Bourges, et plus particulièrement par un certain nombre de colléges et de maisons religieuses établis dans cette partie de la province qui a formé depuis le département de l'Indre.

La révolution a détruit tout ce système d'instruction qu'elle avait trouvé debout; à sa place elle a élevé les plans d'une institution nouvelle, plans très-vastes, mais qui sont presque tous, dans ce département, restés sans exécution. Aussi retrouvons-nous en l'an IX les choses relatives à l'enseignement dans une situation déplorable.

Le chiffre de la population s'élève alors à 208,967 habitants. Le chiffre des personnes sachant lire et écrire est de 10,310.

Pendant cette période révolutionnaire, aucun progrès n'a été accompli.

Tel était l'état de l'instruction dans l'Indre à l'avénement du Consulat.

§ II.

DEUXIÈME PÉRIODE. — *De l'an IX à 1815*.

Consulat et Empire.

En constatant l'état de l'instruction de 1789 à l'an IX, j'avais été obligé, par les données que les archives m'ont fournies, de n'indiquer que des résultats généraux sur l'ensemble de l'instruction. Désormais il me sera possible de me renfermer dans le cadre que je me suis tracé. Tous les renseignements qui vont suivre porteront seulement et d'une manière spéciale sur l'instruction primaire, sur l'instruction primaire donnée aux garçons et dans les écoles fondées et entretenues par les communes.

Les premiers documents que m'offre cette seconde période sont à la date de 1807 : vers cette époque je peux constater qu'il n'existait dans l'Indre que 15 instituteurs communaux, que ces 15 instituteurs étaient répartis dans 14 communes et qu'ils donnaient l'instruction à 397 élèves.

Cette situation ne reçut aucune modification sensible pendant le reste de la durée de l'Empire. Il est établi, en effet, par un travail préparé en 1815, en exécution d'une circulaire ministérielle du 15 mai de la même année, qu'il y avait dans l'Indre à cette date 25 instituteurs, que ces 25 instituteurs enseignaient dans 16 communes seulement : il ne m'a pas été possible de déterminer, même approximativement, le nombre des élèves qui fréquentaient leurs écoles.

Bien que le nombre des maîtres soit plus considérable, l'instruction ne s'est pas répandue en proportion de cet accroissement. Les villes chefs-lieux de département et d'arrondissement ont augmenté, à raison sans doute du chiffre des élèves qui fréquentaient leurs écoles, les ressources de l'enseignement, mais l'instruction est restée concentrée dans les villes, les campagnes n'ont pas participé au mouvement qui s'est opéré.

Ainsi, les 16 écoles qui existaient alors sont réparties de la manière suivante :

Chefs-lieux de département et d'arrondissement 4 écoles.
Chefs-lieux de canton...................... 9   —
Communes rurales. 3   —

Dix chefs-lieux de canton sont encore sans écoles.

Si l'on recherche quelle action les conseils généraux ont exercée sur l'instruction publique pendant la période impériale, on constate officiellement qu'elle a été nulle.

Vers les années 1808 et 1809, le préfet ayant appelé l'attention du conseil général sur cette question, ce conseil se borne à constater l'état de langueur dans lequel se trouve l'instruction publique dans le département; il l'attribue à l'insouciance des parents et applaudit aux efforts du préfet pour modifier cette déplorable situation.

Là se bornent son intervention et son concours.

L'ordre politique de 1789 avait été renversé, le législateur avait décrété un système d'enseignement neuf et complet, il en avait jeté les bases dans de grandes lois;

l'instruction primaire ne se ressentit en aucune façon de
ces bienfaits. Il appartenait à un régime qui, par sa tradition, se rattachait aux époques antérieures de notre
histoire, de développer les germes contenus dans un droit
nouveau et auxquels les rigueurs et les exigences des
temps n'avaient pas permis d'éclore.

§ III.

TROISIÈME PÉRIODE. — *De 1815 à 1830.*

Restauration.

Nous venons de voir la situation de l'instruction primaire dans l'Indre à la fin de l'Empire, nous allons nous
transporter immédiatement au milieu de la carrière four-
nie par la Restauration.

En 1823, on compte dans l'Indre 67 instituteurs. Ces
67 instituteurs sont répartis dans 48 communes, ils donnent l'instruction à 2,398 élèves.

Un seul chef-lieu de canton n'a pas d'instituteur.

Les chefs-lieux de département et d'arrondissement ont
accru considérablement leur personnel, l'instruction primaire a pris un développement remarquable.

Pendant les années qui suivent, le progrès est lent,
mais ne s'arrête pas : il résulte de documents officiels
dressés en 1832, et qu'on peut à juste titre considérer
comme présentant l'état de l'instruction primaire à la fin
de la Restauration, que, dans le département de l'Indre, il
y avait à cette époque 81 instituteurs;

Que ces 81 instituteurs enseignaient dans 62 communes;

Que leurs écoles étaient fréquentées par 3,210 élèves.

Certes, cette situation n'est pas satisfaisante : sur les 247 communes dont se compose le département de l'Indre, 62 seulement profitent des bénéfices de l'instruction, 185 les attendent encore ; cependant il y a loin de là aux 16 écoles distribuant l'instruction à moins de 400 élèves que la Restauration a trouvées établies.

Ce résultat est dû au concours de tous. Les conseils généraux interviennent plus souvent et d'une manière plus sérieuse dans l'étude des questions relatives à l'instruction publique, ils se préoccupent du choix des méthodes, les encouragent par des vœux qui ne doivent pas rester stériles et par des votes de fonds.

Dès 1817, ils abordent ces questions : dans la session qu'ils tiennent cette année, ils votent une somme de 1,200 francs pour l'établissement d'une école d'enseignement mutuel. A dater de cette époque, les procès-verbaux de leurs délibérations déposent de leur constante sollicitude pour toutes les matières qui se rattachent à l'enseignement.

Il est un fait qui, dans cette période de la Restauration, doit être signalé : l'impulsion donnée alors à l'instruction primaire est sans doute le résultat d'un besoin que les loisirs de la paix faisaient sentir, mais on doit peut-être, pour une partie, l'attribuer au système d'enseignement dit *enseignement mutuel*, qui se produisit vers cette époque. Je n'ai pas à examiner la valeur de ce système au point de vue de l'instruction, mais ce qui est incontestable, c'est le mouvement que, dans sa nouveauté, il imprima à l'enseignement primaire dans le département de l'Indre.

Les choses étaient dans cet état lorsque la loi du 28 juin 1833 fut promulguée.

§ IV.

QUATRIÈME PÉRIODE. — *De* 1830 *à* 1848.

Gouvernement de Juillet.

Avec la loi du 28 juin 1833, l'instruction primaire est entrée dans une phase nouvelle. Sous l'empire d'une législation spéciale, un large progrès va s'accomplir. Voici quelle est, en 1848, la situation de l'instruction primaire :

Le département de l'Indre comprend 247 communes.

Sur ces 247 communes, 132 sont pourvues d'écoles, 29 sont réunies pour l'instruction à des communes voisines, ce qui donne un total de 161 communes jouissant des bienfaits de l'instruction primaire. — 86 communes en sont encore privées.

Ces 161 communes comptent 168 écoles, qui sont desservies ainsi qu'il suit :

161 par des instituteurs laïques;

2 par des instituteurs religieux;

5 par des desservants provisoirement autorisés.

Un grand pas a été fait depuis l'inventaire que nous avons dressé en l'an IX. La Restauration avait reçu de l'Empire 16 communes pourvues d'écoles fréquentées par 400 élèves, elle en avait légué au gouvernement de Juillet 62 fréquentées par 3,210 enfants, celui ci en laisse à son tour 161 donnant l'instruction à 6,955 individus.

Quelques années à peine se sont écoulées depuis la fondation régulière et intelligente des écoles primaires dans l'Indre, et les résultats qu'elles ont produits, quoique excellents, se font cependant déjà sentir. Je n'entreprendrai pas de déterminer, chose impossible d'une manière rigoureuse, le rapport qui existe dans la population, entre les individus sachant lire et écrire et ceux qui sont illettrés ; je me bornerai à constater, à l'aide des documents recueillis par ordre de l'administration de la guerre, les progrès de l'instruction chez les jeunes gens qui ont fait partie de l'appel des classes de 1830 à 1848.

Or, en recherchant dans ces limites le rapport des lettrés avec le chiffre de chaque classe, j'obtiens les résultats suivants :

Pour 1830, le nombre des lettrés à ceux qui ne le sont pas est de 17 sur 100 ;

Pour 1840, de 19 sur 100 ;

Pour 1847, de plus de 25 sur 100 ;

Pour 1849, de 27 sur 100 ;

Pour 1850, de 29 sur 100.

Cet état de choses ne répond peut-être pas à toutes les espérances ; cependant on ne peut contester qu'une amélioration réelle a lieu dans les dernières années ; on sent l'influence de la loi de 1833.

Ces résultats, il faut le reconnaître, ont été chèrement achetés, ils n'ont été obtenus que par le concours de bien des efforts.

A partir de 1833, l'instruction primaire occupe une large part dans les travaux du conseil général. Une école normale est créée, et chaque année des votes de fonds ont pour objet, d'une part, les dépenses rendues obligatoires par la loi de 1833, d'un autre côté, des encouragements librement donnés au développement de l'instruction primaire. Les sacrifices faits par le département pour ces objets varient annuellement entre la somme minimum de 21,384 francs et celle maximum de 47,906 francs. Ces sacrifices pourront paraître relativement peu importants, ils constituent cependant une lourde charge pour un département pauvre, qui doit pourvoir simultanément à toutes les améliorations dont les lois nouvelles et des besoins chaque jour plus développés, renferment le principe.

Mais c'est dans les budgets des communes qu'on peut mesurer l'étendue des sacrifices faits en faveur de l'instruction primaire dans cette dernière période; il est intéressant surtout d'y puiser les éléments de comparaison entre les diverses grandes époques du demi-siècle qui s'achève.

En 1815, les dépenses faites dans le département par les communes, en faveur de l'instruction primaire, s'élevèrent à la somme de 2,998 francs et se décomposent ainsi qu'il suit :

Traitements des instituteurs et loyers des maisons d'écoles................................... 2,580 fr.

Acquisitions, réparations et constructions de maisons d'écoles........................ 200

Dépenses diverses, achat de mobilier et de livres pour les indigents.................. 218

TOTAL............ 2,998 fr.

En 1830, une somme de 10,244 francs était consacrée sur les mêmes fonds à ces services;

En 1833, une somme de 15,393 francs.

En 1834, les dépenses communales pour l'instruction primaire sont portées à 74,720 francs; on entrait alors sous l'empire de la loi du 28 juin 1833.

A partir de cette époque, cette somme s'accroît chaque

année; en 1847, elle s'élève à 205,976 francs; elle se décompose de la manière suivante :

Traitements des instituteurs et loyers des maisons d'écoles .... 103,775 fr.

Acquisitions, réparations et constructions de maisons d'écoles........................ 92,197

Dépenses diverses. — Achat de mobilier, de livres, etc............................ 10,004

TOTAL............ 205,976 fr.

Le rapprochement de cette somme avec les 2,998 francs de 1815, les 10,244 francs de 1830 et les 15,393 francs de l'année 1833, renferme un enseignement très-éloquent et une réponse sans réplique à bien des exigences.

Tel est, Messieurs, l'état matériel, si je puis ainsi m'exprimer, de l'instruction primaire dans le département de l'Indre.

Cet état n'est pas complétement satisfaisant sans doute, puisque sur 247 communes dont se compose ce département, 86 sont encore privées d'instituteurs; cependant lorsque, prenant pour point de départ l'année 1815 et la situation des choses à cette époque, on mesure l'espace parcouru jusqu'en 1847, on se prend à bénir les fruits de la paix et à tout espérer d'elle.

Afin de compléter ce tableau, je dois rechercher la situation de l'instruction primaire au point de vue moral et intellectuel.

CHAPITRE II.

Situation morale et intellectuelle. — Esprit des instituteurs.

Afin de n'offrir à vos méditations que des données certaines, j'ai voulu juger par moi-même du degré d'aptitude et de la tenue de tous les instituteurs du département. En conséquence, je les ai convoqués successivement, et à diverses reprises, dans leurs chefs-lieux d'arrondissement et dans leurs chefs-lieux de canton, et je me suis rendu au milieu d'eux.

Voici le résultat de mes observations personnelles :

Le nombre des hommes propres à faire de véritables instituteurs de campagne, c'est-à-dire joignant à une intelligence et à une instruction suffisante mais limitée, la simplicité de mœurs, la régularité dans la vie et la modestie dans les goûts, indispensables à leur état, est relativement très-restreint. En général, les hommes qui possèdent ces qualités rares s'attachent à la commune où ils sont établis, s'identifient avec ses intérêts et ne recherchent pas d'avancement.

Sous ce rapport très-important de la stabilité dans les conditions, la garantie d'un minimum à tous les instituteurs est une excellente mesure. Elle refroidira peut-être le zèle de quelques-uns, mais elle calmera les désirs du plus grand nombre et les fera se plaire dans une situation donnée; les esprits d'élite seuls songeront à s'élever et à conquérir des positions rares et difficiles à obtenir.

Pour arriver à recruter le corps des instituteurs primaires parmi les hommes modestes dont je viens de parler, je n'ai cessé, depuis que je suis placé à la tête de l'administration du département, de recommander d'admettre de préférence à l'école normale des fils de cultivateurs, des hommes jeunes, élevés dans les travaux pénibles et les privations de tout genre ; la carrière de l'instruction, lorsqu'ils parviennent à y entrer, offre alors à ces sujets des avantages matériels et des satisfactions d'intelligence suffisants, et ils ne vont pas grossir la phalange trop nombreuse des hommes déclassés et des médiocrités inquiètes et dangereuses.

Toutefois, si peu nombreux que soient ces instituteurs modèles, ce n'est pas à dire que l'ensemble des instituteurs de l'Indre soit mauvais; l'inspection rigoureuse que j'ai passée m'a confirmé dans cette opinion : c'est que la déplorable conduite d'un très-petit nombre avait compromis la réputation de tous : le corps entier a été affecté par la recherche de bruit et de scandale de quelques-uns de ses membres.

Aujourd'hui l'agitation des premiers jours a disparu, le calme est rentré dans les esprits, l'ordre dans les intelligences, et le corps des instituteurs, émondé de plusieurs de ses membres, vis-à-vis desquels j'ai dû faire usage des pouvoirs qui m'étaient conférés, justifiera, je l'espère, la confiance que l'État place en lui. On peut évaluer aux quatre cinquièmes le chiffre des instituteurs qui, au point de vue intellectuel et moral, remplissent d'une manière convenable leurs fonctions. Dans ce nombre il s'en rencontre plusieurs d'une grande distinction. Il y en a beaucoup de jeunes qui n'ont pas encore été suffisamment éprouvés pour qu'on puisse répondre d'eux dans l'avenir; cependant tout permet de croire que les épreuves qu'ils viennent de traverser leur seront un avertissement sérieux et qui ne sera pas sans fruit.

Je ne me suis pas borné à un examen qui portât seulement sur l'aptitude et la tenue des instituteurs ; mais, pour répandre une lumière complète sur la question qui vous occupe plus spécialement, j'ai cru devoir rechercher à quelles sources ils avaient puisé leur instruction, en un mot d'où ils venaient.

Cette recherche m'a conduit à constater les résultats suivants :

Sur 145 instituteurs que j'ai interrogés,

78 sortaient de l'École normale établie à Châteauroux ;

35 d'Écoles normales d'autres départements, ou de colléges, ou d'institutions privées ;

17 de divers séminaires ;

15 n'avaient fait aucune étude spéciale, ils avaient été poussés dans l'instruction par les vicissitudes de leur vie ; ils avaient, pour la plupart, exercé les professions de commis voyageurs ou d'employés dans les assurances.

Les hommes qui appartiennent à cette dernière catégorie sont évidemment les moins bons instituteurs ; ils se font remarquer par de mauvaises tendances. Entrés dans l'enseignement par expédient, le sentiment du devoir n'est pas développé chez eux ; ils n'apportent dans l'exercice de leurs fonctions aucune des qualités qu'elles exigent.

Il est incontestable, au contraire, que les sujets les plus distingués sont sortis des écoles normales.

Quelques instituteurs, anciens sous-officiers, méritent aussi les plus grands éloges ; il serait à désirer qu'un plus grand nombre de militaires suivissent la carrière de l'enseignement, la discipline est pour eux une excellente préparation.

Mais le mérite des instituteurs peut être aussi apprécié

par les résultats produits par leur enseignement. J'ai donc dû diriger encore mes observations sur ce point.

Sous ce rapport, l'état de l'instruction dans l'Indre laisse beaucoup à désirer. La moyenne des élèves qui fréquentent les écoles est très-faible, et de grands efforts devront être faits pour améliorer ce côté de l'instruction primaire dans ce département.

Je dois me hâter d'ajouter qu'il ne faut pas rendre les instituteurs exclusivement responsables de cet état de choses. J'ignore si cette infériorité de situation tient à des causes générales communes à toutes les localités, mais il est incontestable qu'elle peut être attribuée aussi à des circonstances spéciales à ce département, et qu'il n'est pas sans intérêt de signaler.

L'esprit lent des habitants des champs dans le bas Berri, ce défaut d'énergie morale qui retient cette contrée dans une sorte d'enfance, au double point de vue politique et intellectuel, est un grand obstacle à la diffusion de l'instruction dans les campagnes; mais cet obstacle n'est pas isolé, il en est un autre plus difficile à vaincre et qu'il serait injuste de méconnaître.

Dans certaines parties du département de l'Indre, le sol est peu fertile; par une conséquence inévitable de cette ingratitude de la terre, les habitants sont rares, disséminés sur son territoire relativement très-vaste; on rencontre dans les campagnes peu de bourgs populeux, peu d'agglomérations importantes d'habitations : ainsi, dans certaines parties du département, on compte à peine 12, 11 et même 8 habitants par kilomètre carré, c'est-à-dire sur cette étendue de terre qui devrait en nourrir au moins 64.

De là des difficultés matérielles pour envoyer les enfants à l'école : l'homme naît, vit et meurt dans sa chaumière, loin de toute activité intellectuelle.

Enfin, il est à cet état de choses une troisième cause qui se rattache à la fois à deux conditions qui s'enchaînent à la pauvreté des habitants et à la nature du sol.

Le peu de ressources que possèdent les habitants des campagnes, la coutume plus impérieuse encore que la gêne, obligent les propriétaires à avoir recours, pour l'exploitation de leurs domaines, au système du colonage partiaire : dans cette situation inférieure, les colons cherchent à utiliser le plus tôt possible les forces de leurs enfants et à les détourner ainsi de l'école : il faut reconnaître que la nature du sol les favorise dans cette tendance. En effet, dans la plus grande partie du département, on se livre à la culture pastorale ; or, cette culture permet, réclame même le travail de l'enfance, qui ne le donne qu'aux dépens du développement de son intelligence.

Telles sont les causes spéciales qui éloignent les enfants des écoles et contre lesquelles l'instituteur doit lutter sans cesse.

Ce qui résultera pour vous, Messieurs, de l'ensemble de la situation que je viens d'avoir l'honneur de vous présenter, et ce qui doit plus particulièrement appeler votre attention, c'est le nombre encore très-considérable de communes qui se trouvent privées d'écoles ; ajoutez à cela les nécessités d'un renouvellement annuel à raison des décès ou de vacances résultant soit d'une libre détermination, soit de décisions académiques, et vous resterez convaincus de la nécessité de pourvoir d'une manière efficace au recrutement des instituteurs.

Mais entre les deux systèmes que la loi propose à votre adoption, lequel choisirez-vous?

Messieurs, si nous voulons que nos œuvres soient respectées un jour, ne calomnions jamais celles du passé : .

la loi de 1833 fut une grande loi, on ne saurait méconnaître les effets qu'elle a produits ; l'instruction primaire lui doit, en grande partie, son développement et ses progrès dans la période qui s'achève.

Mais, dans cette loi comme dans toutes les œuvres humaines, il s'était glissé des imperfections, il existait des lacunes. D'une part, le principe si fécond de la liberté de l'enseignement ne s'y trouvait pas suffisamment reconnu et garanti ; d'un autre côté, par une généreuse erreur des grands esprits qui l'avaient préparée, par une noble exagération d'estime pour la liberté de l'homme et la raison humaine, la position de l'instituteur avait été entourée d'un concours de garanties qui le faisait participer, pour ainsi dire, au privilége d'une dangereuse inamovibilité : on ne tarda pas à s'apercevoir que la force intellectuelle et de caractère des instituteurs primaires n'était pas au niveau de l'esprit libéral de cette loi. De là, la nécessité d'une législation nouvelle ; de là, la loi du 15 mars dont vous êtes appelés aujourd'hui à faire la première application.

Pour moi, Messieurs, l'étude approfondie que j'ai été appelé, par la loi du 11 janvier dernier, à faire de ces matières et les résultats positifs que j'ai constatés dans le département de l'Indre, tout m'avertit que les bons instituteurs ne peuvent être formés que dans une école spéciale où ils vivront loin du monde, dans le calme et l'austérité d'une retraite utile ; là du moins on pourra les élever selon les principes d'une règle uniforme, et éloigner d'eux, pendant les années les plus difficiles de la jeunesse, le spectacle de ces désordres qui, dans une autre condition, troubleraient leur esprit et altéreraient la simplicité et la pureté de leurs cœurs.

II

Discours prononcé par M. de Villèle à la Chambre des Députés

DANS LA SÉANCE DU 31 DÉCEMBRE 1815,

Présidence de M. Lainé.

MESSIEURS,

C'est conformément aux dispositions de la loi sur les finances du 23 septembre 1814 qu'ont été dressés les rôles de 1815, sur lesquels on vous propose de continuer à percevoir les quatre premiers douzièmes des contributions de 1816. Cette loi porte, article 20, que le montant du principal et des centimes additionnels sera versé au trésor pour être employé indistinctement à tous les besoins du service ; elle réserve que ce versement aura lieu pour 1815 seulement, et sans tirer à conséquence.

Ainsi, Messieurs, adopter le projet de loi tel qu'il vous est présenté, serait continuer, pour les quatre premiers mois de 1816, et sans doute pour toute cette année, la confusion de fonds dont la législature précédente avait expressément borné la durée à l'année 1815.

L'adoption de ce projet de loi sans amendement serait, dans mon opinion, le premier pas qui nous engagerait dans le cercle vicieux que j'ai essayé de vous signaler lors de la discussion de la loi sur les compagnies départementales; permettez que, lorsqu'il en est temps encore, je fixe votre attention sur les conséquences d'un système qui me semble aussi contraire aux vrais intérêts du gouvernement qu'aux droits des administrations secondaires.

Dans tous les temps, les dépenses générales de l'État ont été distinguées des dépenses particulières des communes et des provinces : des impôts généraux ont été accordés aux gouvernements pour subvenir aux premières; des taxes particulières ont été établies par les autorités municipales ou provinciales pour couvrir les secondes.

Cette distinction, si bien tracée parmi nous avant la révolution, a été respectée quelque temps par le despotisme même du dernier gouvernement; nos conseils municipaux, nos conseils généraux d'arrondissement et de département avaient encore en 1813 une sorte d'utilité. S'ils n'obtenaient pas tous les résultats qu'on pouvait en attendre pour le soulagement des peuples, l'apparence de liberté qui leur était laissée servait du moins à empêcher la prescription des droits dont l'abus seul du pouvoir restreignait l'exercice sans aller jusqu'à les méconnaître.

L'aperçu sommaire des opérations du gouvernement pour arriver à la centralisation administrative qui a confondu tous les revenus et le produit de tous les impôts dans le trésor public, vous mettra à même d'apprécier l'opposition que je manifeste à la continuation d'un système repoussé par les lois qui nous régissent encore en ce moment.

Celle du 28 pluviôse an VIII porte textuellement que le conseil général de département s'assemblera chaque année, qu'il fera la répartition des contributions directes entre les arrondissements; qu'il statuera sur les demandes en réduction faites par les conseils d'arrondissements, les villes, bourgs et villages; qu'il déterminera dans les limites fixées par la loi le nombre de centimes additionnels dont l'imposition sera demandée pour les dépenses du département;

Qu'il entendra le compte annuel que le préfet rendra de l'emploi des centimes additionnels qui auront été destinés à ces dépenses;

Qu'il exprimera son opinion sur l'état et les besoins du département et l'adressera au ministre de l'intérieur.

Le conseil d'arrondissement entendra le compte annuel que le sous-préfet rendra de l'emploi des centimes additionnels destinés aux dépenses de l'arrondissement.

Le conseil municipal entendra et pourra débattre le compte des recettes et dépenses municipales qui sera rendu par le maire ou sous-préfet, lequel l'arrêtera définitivement; il délibérera sur les besoins particuliers et locaux de la municipalité, sur les emprunts, sur les octrois ou contributions en centimes additionnels qui pourront être nécessaires pour subvenir à ces besoins.

Tel est, Messieurs, le système existant de vos administrations secondaires, tels sont les droits que les lois constitutives leur ont assurés. Je vais vous soumettre les diverses modifications successives par lesquelles on est parvenu à les réduire à l'état de la plus complète nullité.

La loi sur les finances pour l'an X fixa le maximum des centimes qui pourraient être imposés pour les dépenses des départements et des arrondissements à 16 c., et le maximum pour les dépenses communales à 5 c.

La loi pour l'an XI distingua les centimes en fixes et en variables; le gouvernement s'empara des centimes fixes en se chargeant d'acquitter les dépenses qu'ils devaient couvrir, tels que les traitements des fonctionnaires, et les taxations et remises des receveurs; il laissa aux conseils généraux le vote et la disposition des centimes variables destinés à couvrir les frais de bureau, les loyers et réparations des édifices publics, les dépôts de mendicité et la dépenses des enfants trouvés ; mais la loi fixa de nouveau le *maximum* des centimes qui pourraient être imposés, tant comme fixes que comme variables, à 16 c.

C'est la première atteinte portée aux droits des conseils généraux : les centimes fixes ne leur imputèrent plus ; l'emploi n'en fut plus soumis à leur surveillance; ils n'eurent plus à l'exercer que sur les centimes variables.

La loi pour l'an XIV autorisa les conseils généraux à imposer jusqu'à 4 cent. facultatifs pour réparations, entretien de bâtiments, supplément de frais de culte, construction de canaux, chemins ou établissements publics.

Les attributions des conseils généraux furent accrues cette année ; ils eurent à voter et à surveiller l'emploi des centimes variables et de 4 cent. facultatifs.

Un décret du 22 octobre 1811 ordonna la confusion des centimes fixes et variables entre tous les départements; il ne resta plus aux conseils généraux que le vote et la surveillance des 4 cent. facultatifs.

La loi du 20 mars 1813 ordonna la vente des biens des communes; celle du 23 septembre 1814 la consacra de nouveau et acheva d'annuler les conseils généraux en ordonnant que les centimes additionnels, qui furent portés à 50, seraient versés en entier au trésor public pour être indistinctement employés à tous les besoins du service.

C'est ainsi, Messieurs, que la totalité des fonds perçus dans le royaume a été successivement attirée dans le trésor public; c'est que tous les détails d'administration et de comptabilité ont été concentrés dans les mains des ministres; c'est ainsi que nos administrations municipales et départementales ont été dépouillées de toute influence et de toute attribution.

Mais quels sont les résultats de cette centralisation et de fonds et de pouvoir ? Les affaires courantes absorbent tellement tout le temps des ministres qu'il n'ont plus celui de concevoir et combiner aucune amélioration ; le torrent les emporte, leurs bureaux sont plus puissants qu'eux-mêmes, et cette autorité si malheureusement enlevée à nos conseils de ville, de commune, d'arrondissement, de département, nous avons la douleur de la voir exercée souvent par des commis subalternes.

Et certes, Messieurs, ce n'est pas le ministre qu'il faut accuser de tous ces abus; c'est le système que je combats qui porte avec lui ces funestes et inévitables conséquences.

L'emploi de nos fonds n'est pas même dirigé. Le nombre de nos centimes additionnels s'accroît chaque année, et, chaque année, s'accroissent la détérioration de nos routes et le délabrement de tous nos édifices.

Comment en serait-il autrement, lorsque nos plus petites. dépenses ne peuvent être acquittées que sur une ordonnance du ministre, laquelle est plus ou moins attendue, selon la situation du trésor, qui doit y satisfaire?

Pour les réparations les plus urgentes de nos bâtiments publics, il faut d'abord un état et un devis dressé sur les lieux, puis corrigé à Paris, puis l'approbation du ministre, puis l'adjudication, puis enfin l'ordonnance pour avoir les fonds; l'édifice est souvent dégradé avant que toutes ces formalités soient remplies, et qu'il nous soit permis d'employer notre argent à entretenir ce qui nous appartient.

Et ne croyez, Messieurs, que ces détails sur le funeste système administratif et fiscal qui pèse sur notre patrie soient étrangers à la question qui nous occupe. Si vous adoptez la loi qui vous est proposée, vous consacrerez pour les quatre premiers mois de 1816 la confusion de fonds comme elle a existé en 1815. Si vous consacrez cette fusion de fonds, qu'on s'évite la peine de convoquer nos conseils généraux! Ce serait, comme l'an passé, jouer une représentation inutile. Ils n'ont point de répartition à faire, une loi relative au cadastre leur interdit la faculté de rien changer aux bases actuellement suivies; ils n'ont point de compte à recevoir, puisqu'ils n'ont aucun intérêt à le débattre; ils n'ont rien à voter, rien à indiquer : leur rôle est fini, ils le savent.

Mais nous aussi, nous savons et devons le dire, parce que c'est un de nos devoirs de dire les vérités utiles, qu'en rompant ainsi les liens qui nous unissent à notre commune, à notre ville, à notre département, en tuant l'intérêt que nous prenons à nos administrations secondaires, à nos édifices, à nos chemins, à nos promenades, à nos monuments, on achève d'anéantir parmi nous l'amour si fortement ébranlé de la patrie, on détruit l'esprit public, on achève de désunir et de démoraliser la nation, on isole les Français les uns des autres, on laisse le champ libre aux novateurs et aux turbulents en ne fixant les idées des citoyens sur rien qui les rassure et les intéresse, on n'établit entre eux et le gouvernement aucun de ces liens qui font partout la force et la stabilité des institutions, on prépare le retour inévitable et prochain de l'anarchie, si le gouvernement est faible; du despotisme, s'il devient fort.

Ici, Messieurs, l'expérience de l'année qui va finir sera-t-elle donc perdue pour tous? L'administration du royaume n'a jamais été plus centralisée : qu'en est-il résulté? La France n'était pas administrée; elle pouvait l'être; l'épée de Brennus n'était plus là pour trancher toutes les difficultés, et le despotisme peut seul mettre en mouvement et faire marcher une machine administrative créée par lui seul et dans son seul intérêt.

Les ministres d'un gouvernement du roi, qui avaient l'obligation de nous gouverner selon les lois, ont aussitôt senti l'absence de ce moteur irrésistible qui, soumettant tout à la volonté de leurs prédécesseurs, avait seul assuré le succès de leur administration ; vainement étaient-ils dévoués au roi et à la patrie, ils n'ont pu surmonter les difficultés qui les obsédaient de toutes parts. On sentit bientôt s'ébranler le trop vaste édifice qu'ils étaient chargés de soutenir ; sa ruine était prévue, prédite même de toutes parts, le premier choc devait l'amener ; eux seuls n'ont vu le mal que lorsqu'il était sans remède.

Mais alors quelle fut leur première pensée? Éclairés par la présence du danger, quelle fut leur dernière ressource? Ils convoquèrent extraordinairement les administrations départementales, ils les investirent des pouvoirs les plus étendus, ils leur remirent le soin du salut de leur pays; mais ils les avaient tuées en septembre, comment auraient-elles pu ressusciter en mars, avec cette force d'opinion qui leur avait été enlevée, et qu'on ne donne pas par une ordonnance? Elles firent de grands efforts, sans doute, dans quelques parties de la France; elles l'eussent sauvée peut-être, si elles avaient eu sur leur pays l'influence qu'on pouvait, qu'on devait même leur donner d'après la Restauration.

Mais, je l'ai déjà observé, les erreurs de 1814 ont été trop chèrement payées pour qu'on ait à craindre de les voir se renouveler en 1815; l'opinion du ministre auquel nous avons l'avantage de voir confié le portefeuille de l'intérieur, est conforme à celle que je viens d'émettre sur la nécessité du rétablissement des administrations secondaires; il vous l'a dit lui-même à cette tribune. Mais comment pourrait se concilier l'espoir de ce rétablissement avec la confusion de fonds consacrés par la loi qu'on vous propose, si vous n'en exprimez la réserve dans un amendement? Je sais que les besoins de l'État sont impérieux ; mais ne peut-on donc y satisfaire sans cette mesure, et n'est-ce pas au contraire parce que les peuples vont être surchargés qu'il est juste, utile et politique, de leur rendre la jouissance des droits auxquels, dans tous les temps, ils ont attaché le plus grand prix.

C'est par ces considérations, Messieurs, que le court délai accordé pour cette discussion ne m'a pas permis de rendre aussi dignes de vous être présentées que l'importance du sujet l'eût exigé, que j'ai l'honneur de vous proposer d'ajouter à l'article 1er de la loi la disposition suivante : « sauf à faire verser dans les caisses des administrations secondaires les fonds perçus à compte de l'impôt de 1816, qui auront cette destination d'après les dispositions du budget. »

La proposition de M. de Villèle est appuyée. On demande l'impression du discours.

III

ARRÊT DU CONSEIL

*Portant établissement d'une administration provinciale dans
le Berri.*

Versailles, 12 juillet 1778.

1. — Il sera formé dans la province de Berri une assemblée composée du sieur archevêque de Bourges et de onze membres de l'ordre du clergé, de douze gentilshommes propriétaires, et de vingt-quatre membres du tiers état, dont douze députés des villes et douze propriétaires habitants des campagnes : pour ladite assemblée, aussi longtemps qu'il plaira à Sa Majesté, répartir les impositions dans ladite province, en faire la levée, diriger la confection des grands chemins et les ateliers de charité, ainsi que tous les autres objets que Sa Majesté jugera à propos de lui confier.

2. — Cette assemblée, présidée par le sieur archevêque de Bourges, aura lieu tous les deux ans, et ne pourra pas durer plus d'un mois : les suffrages y seront comp-

tés par tête, et non par distinction d'ordre ; et Sa Majesté y fera connaître ses volontés par un ou deux commissaires chargés de ses instructions.

3. — Dans l'intervalle de ces assemblées, il y aura un bureau d'administration composé du sieur archevêque de Bourges et de sept membres de l'assemblée, de deux procureurs-syndics et d'un secrétaire ; lequel bureau suivra tous les détails relatifs à la répartition et à la levée des impositions, ainsi qu'aux autres objets confiés à la direction de l'assemblée provinciale. Ce bureau sera tenu de se conformer aux délibérations de ladite assemblée, et de lui rendre compte de toutes ses opérations.

4. — Sa Majesté veut qu'il ne soit versé à son trésor royal que la même somme qui y entre maintenant, provenant des impositions, déduction faite des frais de recouvrement, ainsi que du montant des décharges et modérations, et des secours qu'elle accorde en moins-imposé et en ateliers de charité ; et Sa Majesté attend du zèle de cette assemblée qu'elle s'occupera incessamment des meilleurs moyens à proposer pour écarter l'inégalité et l'arbitraire, et pour établir la plus grande justice dans les répartitions et la plus grande économie dans les recouvrements, et pour encourager le commerce et l'agriculture, en étendant et facilitant les communications.

5. — Aucune dépense, déterminée par lesdites assemblées ou le bureau général d'administration, ne pourra avoir lieu si elle n'est spécialement autorisée par Sa Majesté, sauf toutefois les frais indispensables et ordinaires de l'administration, dont la somme sera fixée.

6. — Permet Sa Majesté à ladite assemblée, ainsi qu'au bureau d'administration intermédiaire choisi par l'assemblée provinciale, de faire en tout temps à Sa Majesté

telles représentations qu'ils aviseront, et de lui proposer les règlements qu'ils croiront justes et utiles à la province; défend cependant Sa Majesté que, sous prétexte de ces représentations ou des règlements projetés, la répartition, le recouvrement des impositions établies ou qui pourraient l'être par la suite, suivant les formes usitées dans son royaume, puissent éprouver le moindre obstacle ni délai; Sa Majesté voulant dès à présent qu'audit cas il soit procédé à l'assiette et recouvrement des impositions dans la forme observée jusqu'à ce jour dans les différentes provinces des pays d'élections.

7. — Veut Sa Majesté que le sieur intendant et commissaire départi pour l'exécution de ses ordres dans ladite province puisse prendre connaissance des diverses délibérations de l'assemblée provinciale et du bureau d'administration, toutes les fois qu'il le croira convenable pour le service de Sa Majesté et le bien de ses peuples.

8. — La manière constante de procéder aux élections, tant pour la formation des assemblées générales que pour la nomination des membres du bureau intermédiaire, ainsi que tous les autres objets d'administration non encore prescrits dans le présent arrêt, ne seront définitivement ordonnés par Sa Majesté qu'après le terme de la première assemblée provinciale, et ce afin de concilier d'autant plus sûrement ces divers règlements avec les circonstances particulières de la province; se réserve même Sa Majesté de modifier, sur les observations qui lui seront faites, les dispositions du présent arrêt qui seraient susceptibles d'un changement favorable aux vues de justice et de bienfaisance dont elle est animée.

9. — Pour parvenir cependant à composer la première assemblée, Sa Majesté veut que le 5 octobre il soit tenu à Bourges, dans le palais archiépiscopal, une assemblée

préliminaire de seize propriétaires convoqués en vertu
des ordres de Sa Majesté, lesquels en indiqueront trente-
deux autres pour, d'après l'approbation de Sa Majesté,
former avec les seize antérieurement nommés la première assemblée provinciale, et ce à l'époque que Sa
Majesté fixera dans les lettres de convocation qu'elle leur
fera expédier à cet effet.

Règlement du 1ᵉʳ novembre 1778.

(Les cinq premiers articles sont consacrés au cérémonial.)

Art. 6. — Le président mettra en délibération tous les
objets qu'il croira convenables, et nulle proposition ne
pourra être faite à l'assemblée ni aucune matière mise en
délibération sans qu'elle lui ait été auparavant communi-
quée.

Art. 7. — Lorsqu'il sera question d'opiner, les membres
de l'assemblée donneront leur avis à mesure qu'ils seront
appelés par le secrétaire, et les opinions seront prises en
croisant les voix : le premier opinant du clergé, le premier opinant de la noblesse, le premier opinant des propriétaires des villes, le premier opinant des propriétaires
des campagnes, et ainsi de suite. Le président opinera le
dernier et conclura à la pluralité des suffrages ; et, en
cas de partage, sa voix sera prépondérante.

Art. 8. — Aucun des membres ne pourra pareillement
interrompre les opinions ; mais, s'il a quelque chose à

ajouter à son avis ou de nouvelles réflexions à communiquer, il sera obligé d'attendre que le tour des opinions soit révolu.

Art. 9. — Dans le cas où il s'élèverait plusieurs avis, l'assemblée serait obligée de se réduire à deux, et celui qui aurait la pluralité des suffrages formerait la délibération.

Art. 10. — Il ne sera permis à aucun membre de l'assemblée, sous quelque prétexte que ce soit, de demander acte d'un avis qui n'aurait pas réuni la pluralité des suffrages, ni de prétendre qu'il en soit fait mention sur le registre des délibérations.

Art. 11. — L'assemblée ne pourra continuer ses séances au delà du terme d'un mois.

Art. 12. — Le secrétaire de l'assemblée sera chargé de la rédaction du procès-verbal; mais il sera nommé par l'assemblée deux commissaires pour réviser la dernière rédaction, et il en sera fait trois expéditions, dont l'une restera déposée dans les archives de l'assemblée; l'autre sera renvoyée par le président au secrétaire d'État de la province, et la troisième au ministre des finances.

Art. 13. — Quand les affaires seront terminées, l'assemblée en fera donner avis au commissaire de Sa Majesté, qui viendra faire la clôture de l'assemblée dans la même forme et avec la même cérémonie que pour l'ouverture.

Art. 14. — Indépendamment de la signature de tous les membres de l'assemblée, à la fin de la dernière séance, le résultat de chacune des séances particulières sera signé chaque jour par le président et le secrétaire.

Art. 15. — La première assemblée générale pourra présenter à Sa Majesté les projets et les plans qu'elle jugera les plus convenables, soit pour la constitution permanente et l'ordre ultérieur des assemblées, soit pour les différentes parties de l'administration de la province, et Sa Majesté fera connaître ensuite ses intentions par un règlement général.

Art. 16. — Le président pourra diviser le travail en autant de bureaux qu'il croira convenable ; il en proposera les membres à l'assemblée, en observant d'établir, dans la composition desdits bureaux, les mêmes proportions que dans l'assemblée générale ; et l'on aura attention de composer ces bureaux des personnes qui paraîtront les plus instruites des objets qui y seront traités.

Art. 17. — Le président de l'assemblée ne sera d'aucun bureau en particulier ; mais il aura le droit d'assister à tous, ainsi que les syndics.

Art. 18. — Les délibérations des bureaux sont formées, ainsi que celles de l'assemblée générale, à la pluralité des voix et par tête, sans aucune distinction d'ordre ni de classe.

Art. 19. — Nulle affaire ne sera décidée dans l'assemblée avant d'avoir été préalablement examinée dans un bureau.

Art. 20. — Le rapport des affaires qui auront été préparées dans les bureaux sera fait à l'assemblée par celui qui aura rédigé le mémoire, et les présidents de ces bureaux seront nommés par M. l'archevêque de Bourges.

Art. 21. — Dans le cours de la première assemblée générale, elle formera un bureau d'administration intermédiaire dont les membres seront nommés à la pluralité des suffrages et approuvés par Sa Majesté. Les fonctions de ce bureau seront de veiller et de pourvoir à l'exécution des plans adoptés par l'assemblée générale.

Art. 22. — Ce bureau sera composé de huit personnes, dont deux de chaque classe, y compris le sieur archevêque qui en sera le président. En son absence, le bureau sera présidé par le député du clergé, qui y assistera, et à son défaut par le député de la noblesse le plus âgé.

Art. 23. — Toutes les délibérations du bureau intermédiaire seront prises à la pluralité des voix ; les délibérations ne seront valables qu'autant qu'il y aura au moins quatre délibérants ; et, en cas de partage, le président *aura la prépondérance.*

Art. 24. — Les délibérations dont l'exécution pourra être suspendue jusqu'à la tenue de l'assemblée générale ne seront prises que sous le bon plaisir de ladite assemblée ; celles dont l'exécution ne pourra être retardée sans inconvénients seront exécutées par provision, et pour en assurer davantage l'authenticité, elles seront signées par le président et par deux membres du bureau.

Art. 25. — Toutes les délibérations prises au bureau intermédiaire seront inscrites sur un registre qui sera conservé dans les archives de l'assemblée, et chacune des séances sera signée par les membres qui y auront assisté, par le président et par le secrétaire, ou par la personne qui sera choisie pour le suppléer, en cas d'absence ou de maladie.

Art. 26. — Les syndics assisteront exactement au bureau ; ils y auront séance, mais sans voix délibérative. Les syndics proposeront les objets dont l'assemblée générale aura recommandé l'exécution et sur lesquels elle aura déterminé des travaux. Ils rendront compte des affaires qui surviendront et des mémoires qui leur seront adressés.

Art. 27. — L'assemblée générale procédera à la nomination de deux procureurs syndics, lesquels seront choisis à la pluralité des suffrages ; ils pourront être élus dans toutes les classes indistinctement, et leur choix devra être approuvé par Sa Majesté.

Art. 28. — Il sera procédé de la même manière à la nomination d'un secrétaire archiviste.

Art. 29. — Les syndics auront séance à l'assemblée générale, mais ils n'y auront pas voix délibérative.

Art. 30. — Les fonctions des syndics seront de veiller à l'exécution des délibérations de l'assemblée générale et de celles du bureau intermédiaire ; d'y faire telles dénonciations et réquisitions qu'ils estimeront nécessaires ou utiles ; de s'occuper enfin continuellement des intérêts de la province, et de se procurer la plus parfaite connaissance de l'état de ses besoins et de ses affaires.

Art. 31. — Lesdits syndics auront le pouvoir d'intervenir dans les affaires qui intéresseront la province et les communautés sur le vœu des assemblées générales ou du bureau intermédiaire.

Art. 32. — Le secrétaire archiviste tiendra le registre des délibérations, soit de l'assemblée générale, soit du bureau intermédiaire : il sera garde des archives de l'assemblée et y maintiendra le plus grand ordre.

IV

SÉRIE DE PIÈCES

RELATIVES A UNE ORGANISATION DE SECOURS CONTRE UNE FIÈVRE ENDÉMIQUE DANS LE DÉPARTEMENT DE L'INDRE (1).

Enquête sur les causes, l'influence et les effets de la fièvre intermittente dans l'Indre.

Le préfet de l'Indre à MM. les médecins, curés et maires
du département.

Châteauroux, le 5 juillet 1850.

Messieurs,

Il y a dans le département de l'Indre un spectacle affligeant qui se reproduit tous les ans. Pendant les mois d'août, de septembre et d'octobre, après les grands travaux de la moisson, on voit dans nos campagnes une

---

(1) J'ai rangé les actes qui suivent parmi les pièces justificatives, parce qu'ils m'ont paru démontrer l'utilité de l'intervention du clergé dans certaines parties de l'administration.

En effet, lors de l'enquête qui fut ouverte pour constater les ravages causés par la fièvre intermittente dans l'Indre, tout le clergé du dépar-

foule d'habitants atteints par la fièvre intermittente. Plusieurs sont malades des mois entiers ; il y en a chez qui la fièvre devient une maladie invétérée, qui ne les quitte qu'à de rares intervalles. Dès le mois de juillet, au moment où le cultivateur aurait besoin de toutes ses forces pour travailler, elle se présente, atteint dans certaines familles le père, la mère, même les enfants, et on a vu des années où les gerbes de blé restaient dans les champs faute de bras pour les rentrer.

Les conséquences de cette maladie, qui désole le département de l'Indre plus qu'aucun autre, en France, sont immenses. La misère, un alanguissement général des forces physiques et morales, un obstacle éternel à l'amélioration de la race humaine dans certaines parties du département plus cruellement frappées que d'autres, tels sont, aux yeux de l'administrateur, les effets de la fièvre intermittente.

Je ne puis considérer ce spectacle sans être profondément attristé. Aussi ai-je résolu d'étudier cette maladie endémique dans ses causes, dans son influence sur la santé générale et sur la durée de la vie, dans ses conséquences funestes. Mais pour la bien connaître, pour apprécier l'é-

tement s'empressa de s'associer à la pensée du préfet : les réponses des maires et des médecins eux-mêmes furent bien loin d'égaler par le nombre et par l'importance celles des membres du clergé.

Enfin, lorsqu'il s'agit d'organiser la distribution des médicaments, on eut beau chercher, il fallut encore avoir recours aux desservants des communes rurales ; eux seuls furent jugés capables de recevoir les dépôts de sulfate de quinine.

L'insertion de ces pièces à la fin de ce livre aura été le seul hommage rendu à leurs lumières et à leur dévouement; à ce titre leur publication nous a semblé un devoir.

Il convient d'associer à leurs noms celui de M. A. Blanche, alors secrétaire général du ministre de l'intérieur, et qui seconda de ses efforts cette organisation toute nouvelle de secours.

tendue de ses ravages, il faut pouvoir la suivre sur tous les points du département, et l'étudier pour ainsi dire sur place. Je m'adresse donc à vous, Messieurs, et je vous envoie une série de questions auxquelles je vous prie de répondre avec le plus grand soin.

Veuillez vous entourer de tout ce qui peut vous éclairer, et ne me fournir que des renseignements très-sûrs et très-complets. Le travail que je ferai, quand j'aurai réuni en un faisceau toutes vos réponses et les observations particulières que vous trouverez utile d'y ajouter, n'aura de valeur que par les soins que vous aurez mis vous-mêmes à ne me transmettre que des notions exactes.

Ce travail ne sera pas stérile, car ce n'est pas dans un pur intérêt de statistique qu'il a été conçu et qu'il sera exécuté. Si je désire connaître toute l'étendue du mal, c'est pour démontrer combien il est pressant de le combattre. Je n'ai pas la prétention de guérir les fièvres intermittentes, mais je me propose de chercher, et je trouverai, j'espère, le moyen de protéger contre leur invasion prolongée les habitants pauvres de nos villes et de nos campagnes.

Veuillez, Messieurs, m'adresser les renseignements que je vous demande le plus prochainement possible. Je suis pressé de pouvoir donner suite à un travail qui a pour but l'amélioration du sort de la population de vos communes, et qui n'est pas sans intérêt au triple point de vue de la statistique générale du département, de l'hygiène publique et de la topographie médicale du pays. Je désire recevoir vos réponses et vos observations avant le premier août.

Agréez, Messieurs, l'assurance de ma considération la plus distinguée.

QUESTIONS.

Premièrement. — Quelle est la nature du sol et du sous-sol de la commune? Le sol est-il découvert ou boisé?

Deuxièmement. — La commune est-elle arrosée par des rivières, des ruisseaux? Quelle est la direction générale et la facilité d'écoulement de ces cours d'eau?

Troisièmement.—Y a-t-il dans la commune des étangs, des mares d'eau croupissante? Quelle en est l'étendue approximative?

Quatrièmement. — Les propriétés sont-elles morcelées ou d'une grande étendue? Combien y a-t-il environ d'hectares en jachères? Combien en brandes?

Cinquièmement. — Quel est, en général, l'état des habitations ?

Sixièmement. — La fièvre intermittente règne-t-elle souvent dans la commune? Pendant quel mois de l'année fait-elle sentir son influence morbide ?

Septièmement. — Quels points de la commune en sont le plus frappés? A quelles causes doit-on rapporter cette rigueur ou cette fréquence ?

Huitièmement. — Quel peut être le nombre de fiévreux par année (un quart, un dixième, un vingtième de la population) ?

Neuvièmement. — Quel est la fréquence de la fièvre selon le sexe, les âges, les professions? En d'autres termes, la fièvre frappe-t-elle les hommes plus que les femmes, les enfants plus que les adultes et les vieillards, telle ou telle espèce de travailleurs?

Dixièmement. — Les récidives sont-elles fréquentes? Dans quelle saison le sont-elles davantage?

Onzièmement. — Quelle est l'influence de la fièvre intermittente sur la constitution et l'état de la santé générale de la population?

Douzièmement. — Quelle est la durée moyenne de la vie? Voit-on beaucoup de vieillards dans la commune? Quel est le terme extrême de la vie ou l'âge des hommes les plus vieux?

Treizièmement. — Quelle est l'aisance générale de la population?

Quatorzièmement. — Dans les lieux où sévit la fièvre intermittente, voit-on plus rarement, ainsi que le prétend un auteur, des poitrinaires et des individus atteints de fièvres typhoïdes?

————

Châteauroux, le 26 septembre 1851.

A MM. les médecins, curés et maires du département.

Messieurs,

L'année dernière, quand j'ouvrais une enquête sur les fièvres intermittentes dans le département de l'Indre, je vous disais que ce travail ne serait pas stérile, qu'il n'était point conçu dans un pur intérêt de statistique, mais qu'il avait pour but de me mettre à même de démontrer combien il était pressant de combattre les ravages du mal.

Je suis heureux de pouvoir vous apprendre aujourd'hui

que j'ai atteint, sinon en totalité, du moins en partie, le résultat que je me proposais.

Dans sa session de 1850, le conseil général a mis à ma disposition une somme de 1,000 francs destinée à l'acquisition d'une certaine quantité de sulfate de quinine à distribuer aux fiévreux indigents du département. Le gouvernement, dans sa bienveillante sollicitude, est venu tripler cette somme par une allocation de 2,000 francs, et porter ainsi à 3,000 francs le chiffre des secours que nous pourrons cette année consacrer au traitement des fièvres intermittentes. Sans doute cette somme est faible comparée aux besoins; mais distribuée avec intelligence, elle peut amener d'heureux résultats.

Comme il y a impossibilité de secourir tout le monde, j'ai cru devoir n'établir des dépôts de sulfate de quinine que dans les soixante communes reconnues, d'après les renseignements fournis par vous lors de l'enquête, comme les plus malheureuses et les plus maltraitées par la fièvre. Vous trouverez l'énumération de ces communes dans l'arrêté qui fait suite à la présente circulaire.

J'espère que les ressources dont je pourrai disposer l'année prochaine me permettront de faire participer un plus grand nombre de localités aux bienfaits de la distribution du sulfate de quinine. Que ceux d'entre vous, Messieurs, qui ne voient pas leur commune comprise dans la répartition que je fais aujourd'hui ne cessent pas de continuer leurs études sur la fièvre intermittente, et qu'ils veuillent bien recevoir mes sincères remercîments des renseignements qu'ils ont eu l'obligeance de me transmettre l'année dernière.

Aujourd'hui qu'il s'agit de distribuer les secours aux malades, je viens encore, Messieurs, faire un nouvel appel à votre esprit de charité et de dévouement et vous tracer à chacun un rôle particulier. Je suis convaincu d'avance que vous vous associerez tous avec bonheur à cet acte de bienfaisance et que pas un de vous ne refusera la mission qui lui est confiée.

Les dépôts de sulfate de quinine sont remis aux curés des communes dans lesquelles ils sont établis, MM. les médecins sont chargés de délivrer les ordonnances, et MM. les maires de constater l'indigence des malades. Ainsi, Messieurs, chaque distribution exigera le concours de chacun de vous, puisque le dépositaire ne pourra remettre de la quinine que sur la présentation d'une ordonnance d'un médecin, visée par le maire de la commune.

Cependant si, dans quelques cas exceptionnels, il est urgent de donner des secours immédiats à des fiévreux qui n'ont pas encore pu recevoir la visite de médecins, MM. les maires et curés pourront le faire ; seulement ils voudront bien faire régulariser cette délivrance à la première visite des hommes de l'art.

A chaque envoi de sulfate de quinine, je joins deux exemplaires d'un bulletin imprimé, dans lequel le dépositaire devra consigner certains renseignements de nature à faire connaître l'emploi du dépôt et à compléter nos premières études sur la fièvre intermittente dans le département. J'attache la plus grande importance à la tenue exacte de ces bulletins, et je dois prévenir MM. les dépositaires que l'année prochaine je ne ferai dans leur communes aucune distribution nouvelle avant d'avoir reçu l'exemplaire qu'ils doivent retourner à la préfecture.

Comme la quantité de sulfate de quinine dont je dispose pourrait être insuffisante pour la généralité des besoins des communes où les dépôts sont établis, je vous engage vivement, Messieurs, à secourir de préférence les chefs de famille, les travailleurs dont le salaire est la seule ressource de leur maison. Vous voudrez bien aussi recommander aux malades de suivre les conseils renfermés dans l'Instruction que je joins à la présente circulaire.

Enfin, Messieurs, je ne doute pas que vous fassiez tous vos efforts dans ces distributions afin d'éviter les abus et de faire des secours que l'État et le département nous ont si généreusement alloués, l'emploi le plus utile et le plus équitable. Je vous remercie à l'avance des soins que vous prendrez pour atteindre ce but.

Agréez, Messieurs, l'assurance de ma considération la plus distinguée.

Règlement pour la distribution gratuite du sulfate de quinine dans le département de l'Indre.

Nous, préfet de l'Indre, chevalier de la Légion d'honneur,

Vu la délibération du conseil général du département de l'Indre, en date du 30 août 1850, qui alloue une somme de 1,000 francs pour l'acquisition d'une certaine quantité de sulfate de quinine destinée à être distribuée aux fiévreux du département;

Vu la décision de M. le ministre de l'intérieur, en date du 13 mai 1851, qui alloue une somme de 2,000 francs pour le même objet;

Les documents fournis par l'enquête ouverte dans le département, le 5 juillet 1850, sur les causes, l'influence et les effets de la fièvre intermittente dans l'Indre :

Le rapport de M. le docteur Lambron sur les résultats de cette enquête;

Considérant que, pour assurer la distribution du sulfate de quinine d'une manière intelligente et efficace entre les communes frappées par la fièvre, il importe de prendre à la fois pour base et le chiffre des fiévreux et l'état de pauvreté relative des populations;

Considérant en outre qu'il convient de ne pas absorber toutes les ressources par une première distribution, qu'il importe de réserver des fonds pour les besoins exceptionnels qui pourront se manifester dans le cours de l'année;

ARRÊTONS :

ART. 1er. — Il sera fait, avec les secours fournis par le

conseil général et par le gouvernement, une première acquisition de 2,500 grammes de sulfate de quinine.

ART. 2. — Ces 2,500 grammes de sulfate de quinine seront divisés en petits paquets de 50 centigrammes, sur chacun desquels on lira en caractères imprimés : *Sulfate de quinine. 50 centig. (10 grains).*

ART. 3. — Ces 5,000 paquets seront répartis de la manière suivante entre les communes dont les noms suivent :

Arrondissements.	NOMS des COMMUNES.	Nombre de paquets.
CHATEAUROUX.	Jeu-les Bois	83
	Sassierges-St-Germ.	50
	Velles	76
	Méobecq	126
	Neuillay-les-Bois	113
	Vendœuvres	193
	Villedieu	146
	Luant	88
	Saint-Maur	162
	Niherne	58
	La Perouille	40
	Murs	24
	Selles-sur-Nahon	9
	Baudres	68
	Sainte-Colombe	18
	Rouvres-les-Bois	66
	Villegongis	15
	Vicq-sur-Nahon	76
ISSOUDUN.	Orville	75
	Poulaines	141
	Diou	48
	Saint-Georges	18
	Saint-Valentin	22
	Fontenay	24
	Giroux	32
	Reboursin,	34
LA CHATRE.	Crozon	54
	St-Denis-de-Jouhet	230
	Orsennes	173
	Baraize	55
	Feusines	28
	A reporter,	2,268

Arrondissements.	NOMS des COMMUNES.	Nombre de paquets.
	Report	2,268
LE BLANC.	Chalais	59
	Saint-Hilaire	55
	Mauvières	39
	Prissac	104
	Lignac	90
	Ciron	39
	Douadic	170
	Pouligny-St-Pierre	104
	Rosnay	176
	Beaulieu	14
	Saint-Gilles	100
	Mouhet	90
	Parnac	272
	Sassierges-St-Martin	97
	Vigoux	42
	Chitray	40
	Lazeret	73
	Migné	148
	Nuret-le-Ferron	126
	Mézières	300
	Saint-Michel	132
	Obterre	50
	Saulnay	27
	Villiers	60
	Lingé	50
	Lurais	39
	Martizay	108
	Mérigny	45
	TOTAL.	5,000

Art. 4. — Les dépôts de sulfate de quinine seront confiés aux curés des communes où ils sont établis.

Art. 5. — Tout dépositaire de sulfate de quinine n'en délivrera jamais de son autorité privée.

Il n'en devra donner que sur la présentation d'une ordonnance de médecin, visée par le maire de la commune dont la signature constatera l'indigence du malade.

Art. 6. — Il sera adressé à chaque dépositaire deux exemplaire d'un bulletin imprimé dans lequel il devra consigner les noms, prénoms, âge, sexe, etc., des malades secourus.

Le double de ce bulletin sera joint aux ordonnances visées par les maires et renvoyé avec elles à la préfecture avant le 1er janvier prochain.

Art. 7. — Le présent arrêté sera inséré au *Recueil des Actes administratifs* et adressé à MM. les maires, curés et médecins du département de l'Indre.

Fait à Châteauroux, le 26 septembre 1851.

Le préfet de l'Indre.

CANTON   MODÈLE   COMMUNE

d

De feuille à remplir par MM. les dépositaires à mesure de la délivrance aux fiévreux indigents, des secours en sulfate de quinine.

d

Année 185 .

Dépositaire, M.

Quelle a été cette année la proportion générale des fiévreux par rapport à la population (1/2, 1/4, 10ᵉ, etc., etc., ou combien de fiévreux par 100 habitants?

Importance du dépôt :

DATE de la délivrance des secours.		NOMS et PRÉNOMS.	DEMEURE.	AGE	SEXE.	PROFESSION.	DATES		RÉCIDIVES.		CAUSES présumées de la fièvre.	CAUSES présumées de la récidive.	QUOTITÉ de sulfate de quinine délivrée	OBSERVATIONS.
MOIS.	Quantièmes						du début de la fièvre.	de la terminaison de la fièvre.	NOMBRE.	Combien de jours après la fièvre coupée avec sulfate de quinine.				

Instruction sur le traitement des fièvres intermittentes.

A MM. les dépositaires du sulfate de quinine.

Messieurs,

Dans les cas ordinaires, la fièvre intermittente est si simple, si facile à constater qu'il n'est pas nécessaire de signaler ici les caractères auxquels on la reconnaît. Généralement on se trompe peu sur la nature de cette maladie, mais ce qu'on ne sait pas assez, ce sont les précautions à prendre pour administrer le remède et empêcher les récidives. J'ai pensé qu'il pourrait être utile de les résumer dans quelques lignes que vous pourrez consulter avec fruit pour les cas urgents ou exceptionnels dans lesquels il sera impossible de prendre une consultation de médecin.

Le remède le plus efficace, ou pour mieux dire le seul remède que la science ait jusqu'ici découvert pour le traitement des fièvres intermittentes, est le sulfate de quinine ; mais pour que ce médicament produise de bons résultats, il faut qu'il soit administré à dose convenable et dans un moment opportun.

La dose nécessaire pour couper la fièvre varie avec l'âge, la force, le sexe et surtout les localités. Il faut donner plus de quinine en Brenne que dans le Boischot, plus dans le Boischot que dans la Champagne, davantage sur tel point de la commune que sur tel autre. MM. les médecins mettront, cela n'est pas douteux, le plus vif empressement à vous indiquer les doses les plus convenables dans chacune de vos circonscriptions. En thèse générale on peut dire que 10 grains (0,50 centigrammes) de sulfate de quinine, pris en une ou plusieurs fois, mais alors pendant trois ou quatre jours consécutifs, sont la dose ordinaire pour un adulte ; que 5 grains ou 0,25 cent. pris de même et pendant le même temps, suffisent pour des jeunes gens au-dessous de douze ans, et que 2 grains (0,10 centig.) absorbés en cinq ou six jours sont une dose suffisante pour les enfants.

Le moment le plus convenable pour administrer le médicament est six heures au moins avant le retour de l'accès. Mais comme il arrive souvent que les accès avancent ou retardent, il faut autant que possible prendre le sulfate de quinine aussitôt que l'accès de la fièvre est terminé.

Lorsque la fièvre est coupée, les malades ne doivent pas encore se considérer comme entièrement guéris, ils ont à craindre des récidives plus dangereuses et plus difficiles à traiter que la maladie elle-même. Pour éviter ces rechutes ils ont à prendre diverses précautions qu'il est utile de porter à leur connaissance.

Dès que la convalescence sera commencée, les malades feront bien de prendre tous les matins, pendant six ou huit jours environ, une demi-once (15 gr.) de sel ordinaire (chlorure de sodium), ou de boire des boissons amères et fébrifuges. Parmi ces dernières, la plus active et de beaucoup celle à préférer, est une tisane faite avec du quinquina jaune royal concassé. On fait bouillir 2 à 4 grammes de cette substance dans trois verres d'eau environ, on fait réduire d'un tiers, on boit un verre matin et soir. A défaut de cette tisane on pourra en composer d'autres, soit avec de l'écorce de saule, soit avec de la petite centaurée, ou bien encore avec des feuilles de lilas, d'artichaut, de grande absinthe, de houx ou de buis. Ces tisanes se font par infusion et non par décoction. On les prépare en versant un litre d'eau bouillante sur une demi-poignée (10 grammes environ) de plante ou de feuille ; on laisse infuser pendant une heure, et on en boit plusieurs verres dans la journée, surtout le matin et le soir.

Une excellente chose, tant pour prévenir les récidives que la fièvre elle-même, serait encore de prendre, le matin, à jeun, une heure au moins avant le repas, deux cuillerées à bouche de vin amer obtenu par le contact d'une once de quinquina, d'absinthe, de feuilles d'artichaut ou de centaurée, avec un litre de vin vieux blanc ou rouge. Pour préparer ce médicament, on brise ou on incise préalablement la plante qu'on veut employer, et on la laisse en contact avec le vin pendant cinq jours, en ayant soin de remuer le mélange de temps à autre.

Les fiévreux devront en même temps prendre toutes les précautions hygiéniques que leur permettra leur position. Ils devront se vêtir chaudement, éviter avec grand soin de se mouiller, de se refroidir quand le corps est en sueur, de dormir à l'ombre ou seulement à terre, de coucher dans des chambres humides ou malpropres, et surtout de se livrer à des excès d'aucun genre. Ils feront bien de ne sortir que tard le matin, après la rosée disparue et de rentrer de bonne heure avant que la fraîcheur du soir ne soit tombée. Dans de pareils moments leur alimentation demanderait à être modifiée ; une chose entre autres leur serait utile, le café, non le café préparé comme celui qu'on prend par plaisir ou par luxe, mais le café fait comme une tisane, sans sucre et avec des grains concassés. Ce remède est simple et n'entraîne qu'une dépense insigniliante.

Vous trouverez, je n'en doute pas, dans la charité privée, des secours qui vous permettront de venir en aide aux fiévreux pour l'achat des substances peu coûteuses qui devront servir à compléter leur guérison. C'est avec confiance que l'administration se décharge sur vous de ce soin.

En terminant cette instruction, je dois vous rappeler, Messieurs, qu'avant d'administrer le sulfate de quinine, le médecin doit être appelé toutes les fois que la chose est possible, et surtout dans le cas de récidive, car alors pour traiter la maladie il faut des connaissances spéciales que l'homme de l'art possède seul.

Agréez, Messieurs, l'assurance de ma considération la plus distinguée.

Le préfet de l'Indre.

V

Décret du 25 mars 1852 sur la décentralisation administrative.

LOUIS NAPOLÉON, président de la République française,

Considérant que depuis la chute de l'Empire, des abus et des exagérations de tout genre ont dénaturé le principe de notre centralisation administrative, en substituant à l'action prompte des autorités locales les lentes formalités de l'administration centrale ;

Considérant qu'on peut gouverner de loin, mais qu'on n'administre bien que de près ; qu'en conséquence, autant il importe de centraliser l'action gouvernementale de l'État, autant il est nécessaire de décentraliser l'action purement administrative ;

Sur le rapport du ministre de l'intérieur ;

Le conseil des ministres entendu,

Décrète :

. . . .

VI

CIRCULAIRE DE M. BILLAULT,

MINISTRE DE L'INTÉRIEUR,

Relative aux élections municipales et à la nomination des maires.

Paris, le 7 août 1860.

Monsieur le préfet, aux termes de la loi du 5 mai 1855, il doit être procédé cette année aux élections municipales dans tous les départements de l'Empire; un décret dont je vous transmets l'ampliation fixe ces élections aux samedi 18 et dimanche 19 août prochain : je vous invite en conséquence à installer immédiatement les maires et adjoints nouvellement nommés, et à leur donner les instructions nécessaires pour la parfaite régularité des opérations électorales. C'est à eux qu'il incombe naturellement d'éclairer, de guider leurs concitoyens, de signaler aux choix des électeurs les hommes intelligents et accrédités qui peuvent le mieux coopérer à la bonne gestion de la chose commune. Vous leur laisserez à ce sujet la plus entière latitude; vous la laisserez également aux dissidences locales : le désir du gouvernement est que tous les intérêts communaux trouvent dans le scrutin une libre et loyale expression : votre action n'a point à s'y faire sentir, à moins que, par une exception qui n'est guère vraisemblable, la lutte ne vînt à prendre les proportions et le caractère d'une question d'ordre public.

Les maires *étant de droit membres* des conseils municipaux, vous les inviterez à ne pas se porter eux-mêmes candidats. Ils trouveront dans cette abstention le double avantage de laisser une place de plus à l'élection, et de puiser dans leur indépendance plus de force pour dominer les rivalités vis-à-vis desquelles ils seront personnellement désintéressés. Toutefois, si dans des cas particuliers il vous semblait qu'il y eût lieu de déroger à cette prescription, vous y êtes autorisé. Quant aux règles spéciales à suivre pour la régularité des opérations, elles sont clairement écrites dans la loi : vous en signalerez avec soin tous les détails aux fonctionnaires municipaux chargés de les mettre en pratique; je me borne à vous en rappeler les principales.

. . . .

FIN DES PIÈCES JUSTIFICATIVES.

TABLE DES MATIÈRES

LIVRE DEUXIÈME.

La Province.

LIVRE TROISIÈME.

Pratique et Théorie.

ÉTUDE DEUXIÈME.

DE LA CENTRALISATION.

LIVRE PREMIER.

LIVRE DEUXIÈME.

PIÈCES JUSTIFICATIVES.

TOME PREMIER.

I.

II.

III.

IV.

TOME SECOND.

V.

VI.

FIN DE LA TABLE DU SECOND VOLUME.

PARIS. — IMPRIMERIE CENTRALE DE NAPOLÉON CHAIX ET Cᵉ, RUE BERGÈRE, 20. — 4780